Mujeres y hombres: cuestión de culturas

Para una Iglesia del nosotros

Linda Pocher
Regina Da Costa Pedro
Stella Morra

Mujeres y hombres: cuestión de culturas

Para una Iglesia del nosotros

Paulinas

Las citas bíblicas están tomadas de La Santa Biblia de la editorial San Pablo, bajo la dirección de Evaristo Martín Nieto.

© San Pablo 2025

Los textos citados del magisterio de la Iglesia y los documentos pontificales están tomados de:

© Libreria Editrice Vaticana - Dicastero per la Comunicazione, Ciudad del Vaticano

© Figlie di San Paolo, 2024, Milán

Título original: *Donne e uomini:questione di culture. Per una Chiesa del noi.*

Traducido por: María Jesús García González.

Imagen de cubierta: Geordanna Cordero.
Diseño de cubierta y maquetación: Alba Cosío Velasco.

© PAULINAS 2025
Carril del Conde, 62 - 28043 Madrid
Tel.: 91 721 89 84 - Fax: 91 759 02 04
E-mail: editorial@paulinas.es
www.paulinas.es

PAOLINE Editoriale Libri
© FIGLIE DI SAN PAOLO, 2024

ISBN: 978-84-19408-50-1
Depósito Legal: M-5436-2025

Impreso por Gar.Vi. 28970 Humanes (Madrid)
Printed in Spain. Impreso en España

Prefacio

Papa Francisco

«Toda la renovación de la Iglesia –afirma el Concilio Vaticano II– consiste esencialmente en el aumento de la fidelidad a su vocación» *(Unitatis redintegratio* 6). La Iglesia está llamada a esta continua reforma porque es comunidad de hombres y mujeres conscientes de que son pecadores salvados, siempre necesitados de perdón y de conversión. A esta certeza, que acompaña desde siempre a los creyentes, se añade en nuestra época la toma de consciencia de que el proceso de conversión de las personas y de las instituciones se produce siempre en el interior de una cultura, que en ciertos aspectos puede favorecer y en otros obstaculizar la reforma personal y eclesial.

También el camino sinodal es un camino de reforma que, como todo camino de conversión, puede encontrarse con obstáculos externos y oposiciones internas. Así lo experimentaron también los primeros discípulos de Jesús, caminando juntos por las calles de Palestina: encontraron junto a él la oposición de los poderosos de su época y tuvieron que medirse, en la exigente escuela de su Maestro, a la oposición que llevaban en su corazón.

Cuando una mujer, en casa de Simón, lavó los pies de Jesús con sus lágrimas y las enjugó con sus cabellos, la costumbre, culturalmente consolidada, de considerar «malas» a las mujeres «como aquella» desempeñó un rol fundamental (cf Lc 7,36-50). Sin embargo, cuando, ya cerca de Pascua, otra mujer unge la cabeza del Señor, una cierta envidia se añade al desconcierto (cf Mc 14,3-21 y par.). La mujer ha hecho un gesto litúrgico –ha ungido al elegido de Dios– que debería haber correspondido a un profeta o a un sacerdote. Igual que la enseñanza del Maestro sobre la limosna, que pertenecía a la cultura de su comunidad, se utiliza contra la mujer para oponerse a la novedad que se abre camino a través de ella. Porque el gesto de la mujer es profecía de resurrección, señal del advenimiento de aquel que hace nuevas todas las cosas.

No es fácil reconocer las resistencias y oposiciones que ejercemos personalmente frente al Evangelio, porque en ellas las ideas, incluso las que parecen buenas, se entrelazan con sentimientos y costumbres. Es necesario crecer en la capacidad de escuchar con paciencia nuestro propio corazón, de mirar con los ojos del Señor nuestras costumbres y convicciones y dedicar tiempo a contemplar la forma de actuar, hablar y sentir de Jesús. Sobre todo, cuando se trata de resistencias culturales, porque la cultura es la raíz misteriosa que nos vincula a la tierra, a la familia, a la tradición religiosa en la que hemos nacido. Es importante que, como el pescador de la parábola, aprendamos a distinguir dentro de esta gran red los peces buenos de los malos (Mt 13,47-48).

A nivel institucional, las resistencias al cambio pueden adoptar la forma de auténticas estrategias que a veces se ponen en práctica para obstaculizar la reforma: posponer la toma de decisiones a un futuro indefinido; responder a las peticiones con silencio, es decir, no responder; refugiarse tras una falsa necesidad de discutir y analizar sin fin; multiplicar la burocracia; desembarazarse de diferentes modos de las personas que constituyen una molestia, o agotarlas para que desistan de sus peticiones.

La señal de que una comunidad ha hecho un buen discernimiento es la consolación. Mientras en una comunidad eclesial no haya consolación, no se habrá alcanzado el discernimiento: en ocasiones se trata de escuchar con mayor profundidad y sin juzgar; en otras ocasiones se trata de llegar a una decisión más definida, aunque sea *ad experimentum;* seguramente se tratará de prestar más atención a las resistencias, ponerles nombre y cederles la palabra.

Estoy muy agradecido a las teólogas que me han permitido a mí y a los cardenales de mi Consejo meditar sobre este tema y centrar sobre todo la atención en la relación entre cultura y Evangelio, entre cultura y resistencia a la renovación, y estoy contento de que, gracias a este libro, sus reflexiones puedan difundirse y estar disponibles para las comunidades eclesiales.

En la cercanía de Pentecostés, invoco con fe al Espíritu para que sea luz y guía en el camino sinodal que estamos recorriendo juntos.

Ciudad del Vaticano, 13 de mayo de 2024

Introducción

Linda Pocher FMA

Cuando el papa Francisco me pidió que preparara una serie de cuatro encuentros de formación sobre el tema de la presencia y el papel de las mujeres en la Iglesia, utilizó tres adjetivos para determinar el tipo de enfoque que deseaba para este tema: funcional, administrativo y ministerial. Sinceramente, al principio no me resultó sencillo comprender qué quería expresar exactamente con estos tres términos que comencé a llamar en mi cabeza las «tres palabras mágicas». Tras pensarlo detenidamente, decidí romper el hechizo desarrollando desde una perspectiva interdisciplinar, a través de los cuatro encuentros, el tema que se me había confiado, tratando de valorar sus distintos matices y teniendo en cuenta tanto algunos problemas urgentes y muy concretos como algunas cuestiones de fondo, que, en una perspectiva a largo plazo, podrían resultar más fecundos y dar más frutos de novedad respecto a los primeros. El presente libro pertenece a esta segunda categoría de dificultad.

A la categoría de cuestiones concretas y urgentes que conciernen a la comunidad cristiana del momento actual, pertenece, sin duda, el tema de la ordenación de las mujeres, que se abordó en el encuentro con el C9 del 5 de febrero de 2024, aunque, inevitablemente, por encima de la solicitud específica de la posibilidad de admitir a las mujeres a la ordenación diaconal y presbiterial está la gran pregunta sobre el significado y la naturaleza de la ministerialidad *tout court,* que es una grandísima cuestión de fondo. Cuestiones puntuales relativas a la economía y al derecho, como por ejemplo la brecha de género en la retribución del trabajo y la prevención de los abusos, se abordarán en el encuentro del C9 del 17 de junio, pero teniendo en cuenta que se trata de puntos de partida de la problemática, radical y quizá también demasiado poco explorada, como es la gestión del poder en la Iglesia. También el material relativo a este encuentro adoptará forma de libro, el cuarto y último de esta serie.

Creo que es bastante fácil reconocer, en las cuestiones que acabamos de mencionar, la dimensión administrativa y ministerial del problema, de acuerdo con la segunda y tercera de las «palabras mágicas» que me dio el Papa. ¿Y la primera? ¿A qué se refiere la palabra «funcional»? Creo que es posible interpretar este término a partir de una doctrina propia de la cristología tomista que Balthasar recuperó en su *Teodramática* y que tuvo cierto auge sobre todo en la reflexión cristológica del siglo XX: la idea de que en Jesucristo hay una coincidencia perfecta entre persona y misión. Simplificando un poco, podríamos decir que la pasión más grande de Jesús es la salvación de la humanidad y que este es también el proyecto de Dios para él. Pero las modalidades de su realización histórica no están establecidas, sino que dependen, de manera misteriosa, de la libertad de todos los participantes: el Padre, el Hijo, las mujeres y los hombres de su tiempo.

Dado que Cristo realiza completamente en sí mismo el proyecto de Dios para el ser humano, esta idea puede extrapolarse al plano antropológico como sigue: la misión encomendada a toda persona humana procede de su identidad más profunda. O mejor: la persona está llamada a corresponder, con sus decisiones y sus acciones, a la finalidad para la que ha sido creada y que se encuentra inscrita en su identidad.

Si se considera que la identidad de la persona es el centro sagrado del ser humano, la doctrina de la coincidencia entre persona y misión puede ser una buena noticia. Esto es, el misterio del *quién* y del *para quién* soy, que solo Dios conoce desde siempre y que mantendrá abierta mi búsqueda de sentido y de felicidad para toda la vida. Porque significa que la voluntad de Dios para mí coincide con los deseos y los anhelos más profundos de mi corazón, que no se opone a ellos. Es cierto que no nos es fácil conocer a fondo nuestro corazón: se trata de un descubrimiento articulado y progresivo que implica la red de relaciones en la que recibimos y entregamos la vida.

Pero si comenzamos a pensar que la identidad de la persona la confiere, por ejemplo, el sexo o el género, acabaremos por atribuir una única misión a individuos que, necesariamente, llevan en su corazón deseos y aspiraciones muy diferentes. Lo que nos une a los demás seres humanos —el sexo, el género, la cultura, la pertenencia a un lugar y a una época— nos permite reconocernos como parte de una comunidad, crear vínculos y entablar relaciones, pero no determina de manera absoluta nuestra identidad. Definir la «función» de las mujeres en la sociedad a partir de su sexo y de su género es lo que el magisterio ha propuesto hacer, en las últimas décadas, cada vez que se ha hablado de una «teología de la mujer», en singular.

El fracaso de este proyecto —porque a pesar de algunos intentos no tenemos *una* teología de la mujer, sino una pluralidad de reflexiones sobre la mujer y sobre las mujeres, no solo diferentes, sino también contradictorias— podría interpretarse como una señal de la providencia de Dios, que, al igual que hizo en Babel, interviene para sembrar el caos allí donde el ser humano quiere construir la torre de pensamiento que, desnudando la identidad del otro, pretende llegar hasta el cielo. Es decir, sustituir a Dios a la hora de determinar lo que las personas pueden o deben ser y pueden o deben hacer. Evidentemente se trata de una cuestión de fondo de extraordinaria importancia, porque, si no aborda todas las propuestas de solución a los problemas prácticos y contingentes, corren el riesgo de ser inadecuadas en el momento histórico que estamos viviendo, que es el fin de un mundo en el que todas las cosas tenían ya su sitio y el paso a un mundo nuevo que esperamos que sea mejor pero cuyos rasgos no somos todavía capaces de reconocer.

Las reflexiones sobre el principio mariano-petrino de Balthasar, que se compartieron con el C9 el pasado 4 de diciembre y se publicaron en el primer volumen de esta serie[1], se pensaron para responder a la solicitud que hizo el Papa para tratar el tema de las mujeres en la Iglesia desde el punto de vista funcional, la primera de sus tres «palabras mágicas». El tercer encuentro del C9, que tuvo lugar el 15 de abril de 2024, pretendía retomar, en cierto sentido, el tema, pero afrontándolo desde una perspectiva más amplia, es decir, como cuestión de fondo.

Por encima de toda doctrina, de todo intento de razonar y definir qué es algo, incluso cuando lo que se

---

1. LUCIA VANTINI – LUCA CASTIGLIONI – LINDA POCHER, ¿«Desmasculinizar» la Iglesia? Debate crítico sobre los «principios» de H. U. Von Balthasar (con prefacio del papa Francisco), Paulinas, Madrid 2024.

quiere definir es la fe en lo que tiene de eterno y universal, hay un contexto cultural determinado que condiciona la manera de pensar, de sentir, de hablar de los sujetos que piensan, que sienten y que, a través de la palabra y los gestos, dan forma juntos –tanto en comunión como en contraposición– al presente y al futuro de la comunidad de hombres y mujeres de la que forman parte. Por tanto, en definitiva, en una reflexión sobre las mujeres y los hombres en la Iglesia que se ajuste a la realidad en la que vivimos y en la que Dios no deja nunca de manifestarse para nuestra salvación, no podemos evitar tomar en consideración la dimensión cultural de las relaciones que la constituyen, con las diferencias que comporta en los diferentes contextos en los que las comunidades locales viven y se desarrollan.

El primer artículo, firmado por quien esto escribe, es de carácter introductorio; tomando como punto de partida el magisterio de Francisco en *Evangelii gaudium* y en *Veritatis gaudium,* quiere destacar la necesidad de integrar de manera más profunda la atención crítica a la dimensión cultural en la formación de los creyentes en general y de los ministros ordenados en particular. Porque, aunque quienes pertenecen a la jerarquía eclesiástica no pueden llevar adelante por sí solos la reforma sinodal de la Iglesia, sí tienen el poder de ponerle trabas. De ahí que sea necesario preguntarnos si estamos preparando, entre las jóvenes generaciones, líderes capaces de hacer frente al cambio de época que estamos atravesando.

La segunda aportación, formulada por Regina da Costa Pedro, religiosa del Pime, brasileña de ascendencia africana, presenta la reflexión colectiva de cinco mujeres brasileñas, procedentes de las cinco macrorregiones del país, que, tras presentar algunas figuras femeninas importantes de la Iglesia, se examinan narrando en primera persona sus experiencias personales como mujeres en la comunidad eclesial, teniendo muy presentes las características peculiares del contexto cultural de pertenencia. En este proceso sinodal caracterizado por una gran apertura a la escucha, es evidente la tensión que existe entre la participación efectiva de las mujeres y la falta de reconocimiento de su presencia. Esto no ocurre en el Evangelio, donde la actitud pedagógica de Jesús frente a las mujeres permitió que muchas, a lo largo de la historia, franquearan las barreras de la invisibilidad. Las biografías de las cinco mujeres que toman aquí la palabra hablan de heridas, avances y horizontes abiertos. Son testimonio de caminos que todavía pueden recorrerse hacia una conversión eclesial donde las mujeres no se consideren ya como un «problema», sino que sean acogidas como seguidoras de Jesús, junto a los hombres, dentro de una Iglesia sinodal en misión.

La tercera aportación, que expone Stella Morra, laica, profesora de Teología fundamental en la Pontificia Universidad Gregoriana de Roma, se detiene a considerar las culturas como forma, no como tema: ¿cómo funcionan las culturas en las que estamos inmersos y que nos ofrecen prácticas reconocibles y «habituales»? La cuestión del papel y del servicio de las mujeres en la sociedad y en las Iglesias concretas tiene una dimensión marcadamente inculturada, porque afecta al patrimonio simbólico de nuestra vida en común. El asunto no es contraponer las culturas, según la lógica de lo acertado/equivocado, sino más bien comprender sus mecanismos, en especial de las que hoy están en rápida transformación, para llegar a ser, como Iglesia, partícipes y productores de nuevas narrativas colectivas que contribuyan a la construcción de un «nosotros» que abarque a la humanidad entera, hecha de hombres y mujeres, y a la orientación del mundo hacia el reino de Dios.

Durante la reunión del C9 la presentación de los contenidos elaborados por las ponentes fue precedida por una reflexión de los cardenales en la que compartían la importancia de su propia cultura local en el modo en que se vive y se aborda el tema de las mujeres en la Iglesia, que favoreció una escucha especialmente atenta y generó numerosas preguntas de aclaración, incluso por parte del Papa, que luego utilizamos para enriquecer nuestros textos de cara a la publicación. El diálogo, vivo y muy participativo, nos permitió percibir el sentido de pertenencia de los cardenales en sus Iglesias locales, así como su preocupación frente a este momento, que presenta desafíos y oportunidades difíciles de discernir e interpretar.

Al dirigir este material a la lectura de todos los creyentes, deseamos que pueda lograr el mismo resultado: permitir que seamos conscientes de nuestra propia parcialidad y estimular la investigación. Cuando nos enfrentamos a una época nueva, solo caminando podemos hacer el camino, ¡no hay otra opción!

Roma, 9 de mayo de 2024

«LA GRACIA SUPONE LA CULTURA». COMUNIDADES CRISTIANAS EN EL CAMBIO DE ÉPOCA

LINDA POCHER FMA

«Nadie puede bañarse dos veces en el mismo río» (Heráclito)

Una característica del Consejo de cardenales convocado por Francisco que yo agradecí particularmente a partir de nuestro primer encuentro, fue el hecho de que estaba compuesto por pastores fuertemente arraigados en sus propias Iglesias locales. Gracias a este arraigamiento, la escucha recíproca permite tener una percepción bastante realista de lo que diferencia y aúna a las comunidades cristianas dispersas por todo el mundo en su modo de vivir y de entender la fe y la pertenencia a una misma Iglesia católica.

En la mesa de trabajo del Consejo de cardenales, por poner un ejemplo, se sentaron juntos representantes de Iglesias que habían sido colonizadoras y de Iglesias que habían sido colonizadas. Si se considera el sufrimiento y la indignación que la colonización provocó, y la complejidad del proceso de toma de conciencia, liberación y reconciliación que las comunidades colonizadas tuvieron que afrontar, y siguen afrontando en muchos lugares del mundo, el hecho de poder encontrarse, escucharse y reconocerse como hermanos y hermanas es una señal tangible de la misericordia del Señor resucitado y del poder de su Espíritu[2].

Prestar atención a las culturas significa, en primer lugar, tomar conciencia de nuestra propia parcialidad. Solemos hablar de culturas locales cuando nos referimos a lo que nos diferencia, y hablamos de cultura cristiana cuando queremos señalar lo que, como pueblo de Dios, tenemos en común; aunque en realidad no es nada fácil definir con exactitud qué entendemos realmente con esta expresión. Por lo que concierne a Europa, por ejemplo, se tiende a pensar que en la época premoderna sus habitantes eran más religiosos que los de épocas posteriores, pero

> un creciente número de historiadores [...] señala que también en este caso la situación es mucho más compleja y diversificada. Insisten, ante todo, en distinguir entre el *horizonte cultural* de la sociedad medieval y

---

2. Al aparecer en el Cenáculo, el Señor dona la reconciliación y la paz a todos: tanto a quienes le habían sido fieles, siguiéndolo hasta los pies de la cruz y hasta su entrada en el sepulcro, como a quienes habían renegado de él y habían huido (cf Jn 19,20-21). En Pentecostés todos recibieron el don del Espíritu: los Doce que habían huido, su madre, las mujeres y los hermanos de Jesús (cf He 1,13-14). La comunidad cristiana está expuesta a la división interna desde su inicio. Se mantiene unida gracias a la práctica de la misericordia mutua y al don del Espíritu.

la *práctica* de vida de las personas, que en muchos casos no coincidía en absoluto con las posturas oficiales[3].

A veces utilizamos la referencia a nuestra cultura de origen como un escudo tras el que defendernos del impulso al cambio que el Espíritu y la historia ejercen sobre nosotros. Pero las culturas no son realidades monolíticas, sino que son extremadamente permeables al cambio[4]. Como el aire en el que vivimos y que respiramos, como el agua que corre por nuestros ríos o que llena los océanos: estamos constantemente inmersos en una cultura que, aunque tiene rasgos identificables, no es siempre la misma con el paso del tiempo y de unas generaciones a otras.

¿Por qué no juzgáis vosotros mismos con justicia? (Lc 12,56)

Antes de continuar mi reflexión me gustaría proponer un pequeño ejercicio de imaginación: intentemos imaginar nuestra Iglesia local dentro de veinte o treinta años. No como nos gustaría que fuera, sino

---

3. Giovanni Cucci, *Religione e secolarizzazione. La fine della fede?*, Cittadella, Asís 2019, p. 77.

4. Cf Salvatore Abruzzese, *Sociologia dei processi culturali. Scelte individuali e crisi degli ambienti morali*, Scholé, Brescia 2023, pp. 33-67.

tal como creemos que será realmente, basándonos en la realidad de hoy. ¿Qué acciones se están llevando a cabo para preparar a los creyentes a estar a la altura de ese futuro?

Para fomentar una reflexión abierta y fecunda en torno a estos interrogantes, el papa Francisco promulgó, en el año 2018, la Constitución apostólica *Veritatis gaudium*. El proemio contiene los deseos y auspicios del Papa frente a las instituciones católicas de enseñanza superior y afirma que la renovación de los estudios eclesiásticos es indispensable y particularmente urgente «puesto que hoy no vivimos solo una época de cambios sino un verdadero cambio de época» (n. 3).

La fuerza con la que el Santo Padre anunció el advenimiento de una nueva época me hizo recordar una escena bíblica particular, aquella en la que Jesús, frente al templo y ante sus discípulos que contemplaban su esplendor, profetizó su completa destrucción (cf Mc 13,1-2 y par.). Como constatación del asombro de los discípulos, Flavio Josefo[5] afirma que la magnificencia arquitectónica del templo era extraordinaria: las piedras que lo componían podían alcanzar los 12 metros de longitud, 4 de altura y 5,5 de anchura, dato

---

5. FLAVIO JOSEFO, *Guerra de los judíos* V, 5 §§ 184-247; *Antigüedades de los judíos* XV, 1, 3 § 392.

que se ha constatado con el descubrimiento material en las campañas de excavación en torno a la explanada del templo de Jerusalén.

Desde el punto de vista narrativo, Jesús pronunció la profecía de la destrucción del templo después de su última visita al lugar, al que no acudiría nunca más. Por eso algunos exegetas «proponen leer esta escena en paralelo con la del alejamiento de Jerusalén de la gloria divina que se narra en el libro de Ezequiel (cf Ez 11,22-25)»[6]. En la época de Jesús el templo representaba el centro de la historia y de la identidad de Israel,

> el lugar que garantizaba simbólicamente el vínculo entre el hombre y Dios: cuando esta institución se derrumbaba, no moría únicamente un edificio, sino que se ponía en tela de juicio toda la relación entre Dios, el hombre y el mundo. […] De ahí que la pregunta sobre el templo abriera un discurso relacionado con el destino de la historia y de la humanidad»[7].

En realidad, la destrucción del templo de Jerusalén representó para Israel el fin de una época y el fin de la cultura que la caracterizaba. Fin y comienzo: de los restos del templo y de la consiguiente diáspora de los judíos brota no solamente una nueva religión, la cristiana,

---

6. GIACOMO PEREGO (ed.), *Marco. Introduzione, traduzione e commento*, San Paolo, Cinisello Balsamo (Milán) 2011, p. 265.

7. Ib.

sino también el judaísmo rabínico, es decir, una nueva forma de ser judío. El fin de una cultura señala el nacimiento de culturas nuevas, no mejores ni peores, sino diferentes, encarnadas en el tiempo y en el espacio que las han recibido. No se trataba del primer cambio de época para Israel, que conserva en su consciencia de pueblo elegido por Dios la certeza de haber atravesado, a lo largo de su historia, diferentes etapas, hasta el punto de que a cada una de ellas le corresponde una literatura específica: el libro del Génesis narra el tiempo de los orígenes; el éxodo es relatado al menos tres veces: en el libro homónimo, en Números y en Levítico; la época de los jueces y la de los reyes se recogen en los libros históricos; el exilio está representado en la gran literatura profética; el segundo templo, en los textos apocalípticos y sapienciales[8].

No fue tampoco el único cambio de época para la Iglesia. Basta con pensar en los grandes giros que han jalonado la historia del cristianismo: el éxodo de Jerusalén

---

8. «Hoy día se han superado ya las tesis del historicismo liberal alemán del siglo XIX, que pretendía poder reproducir la historia de manera absolutamente pura, privada de toda interpretación […]. Se trata de una utopía que no solo es irrealizable, sino que, además, es contraria a las leyes del conocimiento humano. Dado que son accesibles e inteligibles, los hechos han de ser verbalizados, y toda verbalización es, de por sí, una interpretación. No hay historia que no sea la narrada, es decir, la interpretada» (JESÚS M. ASURMENDI, en ANTONIO ZANI [ed.] *Storia, narrativa, apocalittica*, Paideia, Brescia 2003, p. 18). Cf también PAUL BEAUCHAMP, *L'uno e l'altro Testamento. Saggio di lettura*, Paideia, Brescia 1985.

hacia el mundo pagano, y su doloroso proceso; el paso, con Constantino, de la clandestinidad al reconocimiento público, que supuso un inextricable tramado de oportunidades, compromisos y controversias; la reforma gregoriana y la reestructuración cristiana de la sociedad; la reforma protestante y la contrarreforma tridentina, que hizo pasar a la Iglesia de la Edad media a la Edad moderna[9]. En cada uno de estos momentos cruciales, la Iglesia se vio obligada a analizar y transformar sus formas bajo el impulso de fuerzas procedentes tanto del interior como del exterior, de la historia y del Espíritu.

Algunos autores sostienen que la profecía de Jesús sobre la destrucción del templo fue un *vaticinum ex evento,* es decir, una frase que el redactor del Evangelio añadió tras la destrucción del templo en el año 70 d.C.[10]. En cualquier caso, ya fuera pronunciada por el Jesús histórico o puesta posteriormente en sus labios por la comunidad pospascual, su presencia en

---

9. Cfr. JOHN W. O'MALLEY, *La riforma nella vita della Chiesa. Il concilio di Trento e il Vaticano II*, en ANTONIO SPADARO - CARLOS MARÍA GALLI (eds.), *La riforma e le riforme nella Chiesa*, Queriniana, Brescia 2016, pp. 85-107; GIANCARLO PIANI, *Ecclesia semper riformanda: dal XIV al XVI secolo*, en ib., pp. 125-140.

10. Por otra parte, el hecho de que el templo estuviera destinado a la ruina constituía una especie de *leitmotiv* en la literatura bíblica, sobre todo profética (cf Jer 7,14; 26,6.9.18; Ez 21,32; Mi 3,12). «Entre otras cosas, la expresión "piedra sobre piedra" parece aludir a Ag 2,15, donde el profeta hace referencia a la construcción del primer templo: tal como sucedió con el templo de Salomón, también el de Herodes será destruido».

los evangelios sinópticos da testimonio del intento de los discípulos por comprender los acontecimientos catastróficos y desconcertantes de su momento presente a través de los ojos de su Maestro, es decir, el deseo de reconocer e interpretar, precisamente en la crisis de sus seguridades, los signos de los tiempos, la novedad incipiente. Porque nuestro Dios habla y llama siempre, en cualquier contexto. Deja huellas de sí mismo en todas las culturas, tal como afirma la doctrina de *semina Verbi* que Justino elaboró en el siglo II[11].

El libro de los Hechos de los Apóstoles concluye con una escena similar a la de la destrucción del templo: el naufragio de la nave en la que Pablo viajaba hacia Roma (He 27,1-44). Comentando el episodio, Balthasar afirma que Lucas es perfectamente consciente del simbolismo de su narración. Porque la nave representa a la Iglesia:

> A veces puede suceder que las junturas de las instituciones temporales se desajusten; y es que son realmente temporales, el tiempo las devora y las consume, muchas cosas se enmohecen, se marchitan, y han de sustituirse; engranajes en apariencia sólidos se desajustan y dejan entrever la luz o la oscuridad[12].

---

11. Cf Justino, *Apologías,* en Daniel Ruiz Bueno (Introducción, notas y versión española), *Padres apostólicos y apologistas griegos,* BAC, Madrid 2002, pp. 989-1086; cf también Giuseppe Lorizio, *Semi del Verbo, segni dei tempi*, San Paolo, Cinisello Balsamo (Milán) 2021.

12. Hans Urs von Balthasar, *Gloria. Una estética teológica* VII. *Nuevo Testamento,* Encuentro, Madrid 1992, p. 435.

En el relato lucano,

> atan primero la nave con cables de refuerzo; después echan al mar la carga y finalmente los marineros desmontan el aparejo de la nave y lo echan también al agua (He 27,17ss.). «Toda esperanza de salvarnos iba desapareciendo». Pablo tiene en un sueño una advertencia que transmitir: «Ninguna de vuestras vidas se perderá; solamente la nave». En efecto, esta encalla, la proa se clava en un banco de arena y la popa se deshace ante la violencia de las olas. Los que saben nadar se echan al agua, y los demás se salvan sobre tablones o a espaldas de los nadadores (He 27,41-44). La situación es ajustadamente escatológica: la estructura como forma externa se hace añicos y solo es posible salvarse consiguiendo llegar a tierra sobre los despojos […] «¡Sálvanos, Señor, que perecemos!», gritaban también los discípulos en la barca de Pedro (Mt 8,25). El hombre prudente que edificó su casa sobre roca –«cayó la lluvia, vinieron los torrentes, soplaron los vientos y embistieron contra aquella casa» (Mt 7,24s.)– es el hombre que confió en la roca que es Cristo. Encontrará la tabla de salvación que le llevará a la orilla, y esa será quizá la espalda de uno que sabe nadar[13].

En definitiva, Dios se esfuerza por salvar a las personas, no las instituciones. Las formas instituidas son necesariamente contingentes, en continua tensión respecto

---

13. Ib., pp. 435-436.

al anuncio del Reino que viene y que consiste en la presencia oculta de Dios como Señor en el mundo[14]. Por tanto, están destinadas a cambiar. En cambio, las personas, en su singularidad biológica y biográfica, son el absoluto que ha de ser preservado. De ahí que, en el Evangelio de Mateo, cuando Jesús se presenta a sí mismo como juez escatológico, el criterio del juicio es el cuidado que se brinda a los últimos, a los náufragos de esta vida, con quienes él se identifica (Mt 25,31-46).

«Yo voy a hacer una cosa nueva» (Is 43,19)

En noviembre de 2014, en su *Discurso a los participantes en el Congreso internacional de la pastoral de las grandes ciudades,* Francisco afirmaba con fuerza el fin del cristianismo.

> Venimos de una acción pastoral secular, donde la Iglesia era la única referencia de la cultura. Es verdad, es nuestra herencia. Como auténtica Maestra, la Iglesia sintió la responsabilidad de delinear y de imponer, no solo las formas culturales, sino también los valores, y más profundamente trazar el imaginario personal y colectivo, es decir las historias, los fundamentos donde las personas se apoyan para encontrar los significados últimos y las respuestas a sus preguntas vitales. Pero ya no estamos en esa época.

---

14. Cf Joseph Ratzinger, *Jesús de Nazaret. Desde el bautismo en el Jordán hasta la Transfiguración,* Planeta, Barcelona 2007, pp. 74ss.

Ha pasado. No estamos en la cristiandad, ya no. Hoy ya no somos los únicos que producen cultura, ni los primeros, ni los más escuchados (n. 1).

Fin del cristianismo significa fin de un modo de ser Iglesia y de ser sociedad. Las instituciones que durante siglos han regido la vida de nuestras comunidades parecen desmoronarse ante nuestros ojos: la familia, la parroquia, la escuela, las instituciones que gobiernan nuestras naciones y nuestras ciudades… están atravesando una evidente crisis, y esta constatación no puede dejar de provocar en nosotros una cierta consternación, un cierto miedo.

El advenimiento de este cambio de época, que hay quien ha llegado incluso a denominar «mundo poscristiano»[15],

> no es algo destinado a permanecer restringido solamente a Occidente […]. El cambio de época, con sus profundos aspectos antropológicos, no reconoce fronteras, aduanas, límites u otras cosas semejantes. Los flujos económicos globales y la red digital que envuelven cada vez más todo el planeta no son otra cosa que el trampolín de lanzamiento del cambio de época hacia la conquista de lo humano bajo todo el cielo[16].

---

15. Cf ROD DREHER, *The Benedict option. A strategy for Christians in a post-Christian nation,* Penguin Random House, Nueva York 2017.

16. ARMANDO MATTEO, *Opción Francisco. Por una nueva imaginación del cristianismo futuro,* PPC, Madrid 2023, p. 23.

Por otra parte, el comienzo de nuestro siglo se ha caracterizado por grandes y alarmantes acontecimientos mundiales que nos han hecho tomar consciencia, como nunca antes, del hecho de que, como habitantes de la Tierra, estamos todos conectados. En el año 2001 el atentado del 11 de septiembre a las Torres gemelas de Nueva York puso en duda la capacidad de Occidente para defender fronteras y ciudadanos, y proyectó inesperadamente la sombra del terrorismo sobre ciudades y calles de todo el mundo. Posteriormente, la crisis económica del 2008 afectó a familias, instituciones, naciones en los cinco continentes, y puso en evidencia la fragilidad de un sistema económico muy complejo y desarrollado, pero nada equitativo y menos aún solidario. Por último, la crisis sanitaria del 2019 provocada por la pandemia del coronavirus no eximió a nadie: ricos, pobres, orientales, occidentales; todos se vieron afectados, algunos más duramente que otros, por el fantasma del contagio y de la muerte.

Si afrontamos realmente esta realidad nos daremos cuenta de que vivimos

en un tiempo liminal, de transición. Entre un pasado que conocemos y que nos es familiar, pero que sabemos que está repleto de contradicciones; un presente que nos inquieta, porque deconstruye todas nuestras certezas, y un futuro que todavía desconocemos, que puede adoptar diferentes perfiles. Puede hacernos caer en el abismo que parece ya anticipado por las diferentes crisis –sanitaria, económica, social, política [¡y religiosa!]– o bien puede dar comienzo a un nuevo ciclo, liberándonos de nuestras inercias y ofreciéndonos la posibilidad de afrontar como nunca antes los problemas que nos afligen desde hace años. Transformando el «fin del mundo» en el fin de *un* mundo, y en el posible comienzo de otro nuevo[17].

«Pastores con olor a oveja» (Francisco)

Ante la complejidad de la crisis, afirma Francisco, el principal «problema es que no disponemos todavía de la cultura necesaria para enfrentar esta crisis y hace falta construir liderazgos que marquen caminos»[18]. Para conseguirlo es necesario también el esfuerzo intelectual,

---

17. CHIARA GIACCARDI – MAURO MAGATTI, *Nella fine è l'inizio. In che mondo vivremo*, il Mulino, Bolonia 2020, p. 13.

18. FRANCISCO, *Laudato si.* Carta encíclica sobre el cuidado de la casa común, 24 de mayo de 2015, n. 53. En épocas recientes hemos asistido a una multiplicación de itinerarios formativos y de publicaciones de diverso tipo sobre el tema del liderazgo cristiano. Indico solamente algunos de ellos: TIZIANA LONGHITANO – THEO JANSEN (eds.), *Leadership carismatica. Percorsi di formazione alla luce della Evangelii gaudium*, Urbaniana University Press, Roma 2019; ENRICO PAROLARI – MARIA ROSAURA GONZALEZ CASAS (eds.), *Curare la leadership nella Chiesa*. Prefacio de Franco Imoda, Àncora, Milán 2022; MARINELLA PERRONI, *Leadership religiose: la parola alle donne. Sette testimonianze,* Carocci, Roma 2023; DAVIDE RIGHI (ed.), *Vescovo, presbiterio e modelli di leadership,* Morcelliana, Brescia 2023.

porque «el esfuerzo de la reflexión es el esfuerzo de ser libres, y ayuda a los demás a ser libres»[19].

En el n.31 de *Evangelii gaudium* el Papa describe las características del nuevo liderazgo que deben caracterizar a quienes están llamados a acompañar el cambio de época a través de la imagen, que tanto le gusta utilizar, del pastor, que aquí se refiere al obispo pero que, *mutatis mutandis,* puede aplicarse también a los presbíteros y a todos los que desempeñan servicios de autoridad en la Iglesia:

> El obispo siempre debe fomentar la comunión misionera en su Iglesia diocesana siguiendo el ideal de las primeras comunidades cristianas, donde los creyentes tenían un solo corazón y una sola alma (cf He 4,32). Para eso, a veces estará delante para indicar el camino y cuidar la esperanza del pueblo, otras veces estará simplemente en medio de todos con su cercanía sencilla y misericordiosa, y en ocasiones deberá caminar detrás del pueblo para ayudar a los rezagados y, sobre todo, porque el rebaño mismo tiene su olfato para encontrar nuevos caminos.

¿Cómo se traduce esta imagen en la formación de los seminaristas y en la formación permanente de los ministros ordenados, que están llamados a ser líderes

---

19. GIOVANNI CUCCI, «Psicologia del Coronavirus», en *La Civiltà cattolica* 4076 (2020), pp.114-125, aquí p. 117.

de la Iglesia del presente y del futuro? Esos por sí solos no pueden llevar a cabo la reforma sinodal que anhela el papa Francisco, pero tienen plena autoridad, de mil modos, de hacer que fracase. Estoy convencida de que precisamente una seria sensibilización sobre la dimensión cultural de la fe y de la vida común en las comunidades eclesiales y en la sociedad podría ayudar a superar la brecha entre formación humana, formación intelectual y dedicación pastoral que a menudo sufren los itinerarios formativos eclesiales[20].

La categoría de «cultura» es una categoría antigua pero nueva, de la que hemos sido conscientes recientemente, a nivel social y eclesial, gracias a los avances que las ciencias humanas en general, y en particular, los *estudios culturales* –entre los que se incluyen, por ejemplo, estudios sobre la colonización, el poscolonialismo y el género– que se han realizado sobre todo a partir del siglo XX[21].

---

20. Cf ENRICO BRANCOZZI, *Rifare i preti. Come ripensare i seminari.* Ensayo introductorio de Erio Castellucci, EDB, Bolonia 2021, pp. 109-144.

21. Para una introducción general a los estudios culturales, cf VALENTINO CECCHETTI, *I cultural studies. Cosa sono e come funzionano*, Solfanelli, Chieti 2012. El precursor de la literatura postcolonial es, sin duda, el libro de EDWARD W. SAID, *Orientalism*, Vintage Books, Nueva York 1979. Por lo que respecta a los estudios de género, puede verse una presentación crítica pero constructiva del tema en LUCIA VANTINI, *Genere*, Edizioni Messaggero, Padua 2015.

Aprender a tener en cuenta la dimensión cultural de la vida humana cuando se reflexiona, cuando se planifica, cuando se discierne, significa darse cuenta del propio punto de vista parcial sobre la fe y sobre la Iglesia y abrirse progresivamente a perspectivas e instrumentos de análisis de la realidad que, lamentablemente, no son todavía muy frecuentes en el panorama teológico y pastoral actual[22].

Ya lo intuyeron los padres conciliares cuando en *Gaudium et spes* mostraron una atención precursora en relación a la dimensión cultural de la experiencia humana. Sin embargo, las aperturas que aquel documento solicitó no fueron tenidas muy en cuenta por teólogos y pastores durante los años posteriores al Concilio. Pero el pontificado de Francisco se ha colocado e insiste en este surco, como demuestra, por ejemplo, la significativa rectificación del antiguo dicho: «La gracia supone la cultura, y el don de Dios se encarna en la cultura de quien lo recibe» *(Evangelii gaudium* 115).

---

22. «La pregunta inicial de los estudios culturales es "¿cómo funciona?" y no "¿qué es?". Como teólogos, debemos reflexionar nuevamente sobre el proceso de producción de una teoría, más que sobre su simple utilización como producto (cf. *Veritatis gaudium* 3). En una época como la nuestra, este cambio sería provechoso para la vida cristiana y nos ayudaría a salir del callejón sin salida de la sobrevaloración de la doctrina» (STELLA MORRA – MARCO RONCONI, *Incantare le sirene. Chiesa, teologia e cultura in scena*, EDB, Bolonia 2019, p. 194).

Es al interior de este surco donde queremos conducir la reflexión sobre la presencia y el papel de las mujeres en la Iglesia. Cuando se hunde el arado en la tierra, el cansancio no se hace esperar, pero la expectativa de fecundidad que implica ese gesto es lo que sostiene el esfuerzo y anima a perseverar.

NUESTROS PASOS VIENEN DE LEJOS

Regina da Costa Pedro

¡Nuestros pasos vienen de lejos!, nuestros pasos vienen de lejos, reza el título del artículo de Jurema Werneck que escribió hace ya más de diez años[23]. Siguiendo las huellas de aquella sugerencia, cinco mujeres brasileñas, procedentes de las cinco macrorregiones del país, reflexionaron sobre su propia vida de mujeres en la Iglesia, en particular en este proceso sinodal en el que hay una gran apertura a la escucha.

Las preguntas que guiaron la reflexión fueron muy sencillas y concretas: ¿Sería la Iglesia tal como es ahora sin las mujeres? Siempre hemos estado aquí: ¿cómo se ha ido eliminando nuestra presencia y nuestra contribución? Somos mayoría: ¿cómo nos hemos vuelto invisibles?

Comenzamos nuestro itinerario para recoger respuestas y pensamientos y descubrir posibilidades de abrir nuevos caminos.

---

23. «Nossos passos vêm de longe! Movimentos de mulheres negras e estratégias políticas contra o sexismo e o racismo», en *Revista da Associação Brasileira de Pesquisadores/as Negros/as (ABPN)* 1/1 (2010), pp. 7-17.

Mártires, beatas, laicas y religiosas comprometidas

Las mujeres y su papel en el cristianismo en los primeros siglos[24]

En las últimas décadas la historiografía ha demostrado plenamente que no es posible comprender la historia sin la presencia de las mujeres, y esta premisa es también válida para la cuestión sobre si es posible comprender la formación del cristianismo sin analizar la presencia y la actuación de las mujeres en este contexto[25].

En el caso del cristianismo en la antigüedad se observa que había una clara preocupación por parte de

---

24. Texto escrito por Kelly Cristina da Costa Bezerra de Menezes Mamedes. Su testimonio está recogido en la página 66.

25. La primera obra importante que propuso una nueva lectura del papel femenino en el cristianismo fue la de ELIZABETH CADY STANTON en su *The Woman's Bible* (1895). Tras este trabajo hay algunos otros, como el de ELISABETH SCHÜSSLER FIORENZA, titulado *In Memory of Her. A Feminist Theological Reconstruction of Christian Origins*, publicado en 1983 y traducido al español por Desclée de Brouwer, Bilbao, en 1989 *(En memoria de ella. Una reconstrucción teológico-feminista de los orígenes del cristianismo)*. Elisabeth Schüssler Fiorenza pone de manifiesto que el corpus documental paulino se elaboró en una sociedad patriarcal y estaba dirigido a ella, y que cuanto más alejados estaban estos documentos del tiempo del Jesús histórico, más cercanos estaban a las estructuras falocráticas y más distantes del contenido transformador que caracterizó al movimiento cristiano en sus inicios. A partir de los años ochenta asistimos al surgimiento de una producción historiográfica que se preocupa por establecer una metodología para la elaboración de una historia de las mujeres en los estudios paleocristianos.

diversos autores cristianos, los llamados «primeros Padres», por encuadrar sistemáticamente la presencia femenina en los ritos y en las comunidades que esta nueva fe congregaba[26]. No se prohibía que una mujer fuera seguidora de Cristo (en realidad era deseable que lo fuera), pero esta inclusión se habría producido de acuerdo con algunas condiciones establecidas: qué podía o no podía hacer una mujer (ser líder de una comunidad o presidir la liturgia), cómo debía vestirse, con quién podía interactuar o no, etc. A la inversa, a las que no se dejaban someter se las miraba con recelo o desprecio: «malvada», «adúltera», «lasciva», «arrogante», entre otros adjetivos de distinta naturaleza[27].

---

26. El obispo Ireneo de Lyon, en su obra *Contra las herejías,* atacó a los principales exponentes del movimiento gnóstico, y se sirvió del papel que las mujeres desempeñaban en este ámbito para estigmatizarlas sistemáticamente, dado que los apelativos de «brujas», «libertinas», «promiscuas» y otros tenían un impacto mucho mayor para las mujeres que para los hombres en el mundo romanizado. La obra de Ireneo tenía un carácter eminentemente pedagógico, pues su propósito era indicar los caminos equivocados de los gnósticos y enseñar el único camino correcto que debía seguir la Iglesia. Por ejemplo, mostrando qué actitud debían adoptar las mujeres fieles frente a los «simuladores» y a los «seductores»: estar siempre atentas a la autoridad del obispo (I, 15, 2).

27. Según Pierre Bourdieu, la división de las tareas entre sexos, construida por la sociedad, se asume como si fuese algo natural y adquiere, así, «total afirmación de legitimidad». Así, podemos ver el impacto de las construcciones sociales relativas a las relaciones de género y cómo la naturalización del concepto de inferioridad femenina afecta a las mujeres que viven en sociedades patriarcales (PIERRE BOURDIEU, *La dominación masculina,* Anagrama, Barcelona 2000, p. 10).

Lo que atrae nuestra atención en este proceso de luchas o combates teológicos y estigmatizaciones sociales es el hecho de que la consciencia que tenían sobre la participación de las mujeres en los primeros grupos cristianos provenía de discursos elaborados por hombres, casi siempre obispos, para ponerlas en orden. Fueron ellos quienes, durante un largo periodo de tiempo, difundieron sus propias convicciones como verdades que desde siempre se consideraron como inmutables. De ahí que no sorprenda que la participación activa de las mujeres se vea todavía hoy con un patente recelo, sobre todo por parte del clero católico.

Y, sin embargo, ¿cómo no pensar que el nacimiento y la expansión del cristianismo en el mundo mediterráneo se debieron en gran medida al importante papel que desempeñaron las mujeres? Como ejemplo de su importancia en este contexto nos remitimos al que se considera testimonio más antiguo de una mujer cristiana, el documento *Passio Sanctarum Perpetuae et Felicitatis,* escrito en latín entre los años 206 y 209 d.C. La noble Vibia Perpetua, poco antes de su martirio, narra la experiencia de su nueva fe. Presenta los conflictos con su familia (sobre todo con su padre), con el Estado (los nuevos conversos han transgredido un reciente edicto del poder imperial) y, en cierta medida, con los mismos líderes de la Iglesia. Porque Perpetua, por su condición de mártir, poseía cualidades especiales y una relación muy íntima a nivel espiritual, que superaba incluso la autoridad del obispo[28].

Además, narrar las gestas y los últimos instantes de vida de los mártires constituía, en este contexto, un instrumento pedagógico. Los hechos se leían públicamente durante las ceremonias e incluso se incluían en las liturgias. La recopilación de relatos de este tipo ayudó a construir la unidad y la identidad de las comunidades cristianas. Por ello el testimonio de Perpetua constituye un documento de gran importancia.

Mientras estaba en prisión, esperando el destino que parecía establecido ya, Perpetua, que provenía del entorno de la aristocracia, recogió por escrito sus experiencias personales. Se trata, por tanto, de una fuente de contenido impactante: es el relato de una mujer de la élite romana, una cristiana que, en términos generales, está en conflicto con tres principios de autoridad en

---

28. En su condición de mártir, Perpetua estaba dotada de *parresía*. El término *parresía* fue adoptado enseguida por los cristianos, que lo usaron para referirse al acercamiento individual a Dios en el cielo. Esta *parresía* cristiana se recibe a través del bautismo, que transforma a hombres y mujeres en hijos de Dios que pueden dirigirse con confianza al Padre. Mientras, hay una *parresía* que adquieren todos los cristianos por la gracia del bautismo y hay otra *parresía* de personas especiales que se obtiene por medio del sacrificio personal, como fue el ejemplo de los mártires. Demostraron una gran audacia en sus valientes discursos de profesión de fe ante el tribunal y posteriormente durante la ejecución, viviendo sus sufrimientos a imitación de los de Cristo, razón por la cual adquirieron la capacidad de interceder de manera natural ante Dios en sus oraciones. El hecho de estar dotados de *parresía* convirtió a los mártires en modelos de auténtica vida cristiana.

su mundo: el poder patriarcal, el Estado romano y los obispos. Experiencias como la de Perpetua nos permiten concluir que, una vez abrazada la fe y recibido el bautismo, una mujer consideraba más importante ser vista como mensajera de Dios que obedecer las imposiciones socioculturales de su época.

Perpetua es un ejemplo de la importancia femenina en el cristianismo, pero lo que sabemos de ella es posible únicamente porque era noble e instruida y había escrito su experiencia; y porque en ese momento histórico el martirio era un ejemplo de sacrificio por amor a Cristo. Pero ¿cuántas otras mujeres participaron activamente en este proceso de formación de la Iglesia? ¿Por qué su testimonio no ha llegado a nosotros?

La narración de Perpetua es muy rica, no solo para su época, sino también para hoy, porque esclarece el largo proceso de borrado de la memoria de la actividad femenina dentro del cristianismo, mostrando que una mujer de fe inquebrantable, y que contó su propio martirio, influyó en las comunidades cristianas de su época, pero que la consolidación de una práctica misógina y patriarcal acabó por relegarla al olvido.

La situación de las mujeres dentro de la Iglesia se presenta en el tiempo como una realidad que pertenece a la dimensión histórica que Fernard Braudel definió como de larga duración, es decir, una condición estructural que abarca varios siglos. En este sentido es posible y necesario, manteniendo la perspectiva analítica, avanzar desde las comunidades apostólicas hasta la época colonial e imperial en Brasil para obtener un ejemplo paradigmático del papel femenino en la historia del cristianismo.

Las mujeres brasileñas en el periodo colonial e imperial[29]

La composición étnica brasileña proviene fundamentalmente de tres grandes y principales grupos étnicos: los pueblos nativos, los europeos (sobre todo portugueses) y los africanos. Estos grupos recibieron la colonización portuguesa y católica. Cada uno de ellos estaba formado por hombres y mujeres. Pero, aunque las mujeres estuvieron activas en el Brasil colonial (de 1500 a 1822) y en el Brasil imperial (de 1822 a 1889), la mayor parte de ellas vivieron en el silencio y en la invisibilidad.

Las mujeres indígenas recibían catequesis de religiosas y vivían en comunidad, ocupándose de sus familias. Dado que los pueblos nativos eran considerados pueblos «bárbaros» a los que había que civilizar y catequizar, las mujeres no asumieron ningún papel fuera del ámbito doméstico.

Por otra parte, hasta el siglo XIX las mujeres africanas y sus descendientes esclavos trabajaron en la agricultura, los servicios domésticos y en algunas otras

---

29. Texto escrito por Natália Maria da Conceição Oliveira. Su testimonio está recogido en la página 62.

ocupaciones, como: comadronas, encargadas de la enfermería de los alojamientos de los esclavos, vendedoras de manjares culinarios, de cestos, leche, etc. Era difícil que estas mujeres ocuparan posiciones relevantes. Algunas destacaron por haber luchado contra la esclavitud, como Dandara[30], mujer de Zumbi dos Palmares, y Esperança Garcia[31].

---

30. Dandara dos Palmares es una figura de la historia brasileña muy poco conocida y de la que se tienen pocas fuentes. Vivía en Quilombo de Palmares (comunidad de esclavos fugitivos organizada en un estilo de vida igualitario y libre), el quilombo más grande de la historia de Brasil, y era conocida por ser una mujer guerrera que luchó contra los portugueses que planeaban destruir el quilombo. Fue la esposa de Zumbi de Palmares y posiblemente influyó mucho en la manera en que su marido gestionaba el quilombo. Tuvieron tres hijos, pero no se sabe mucho más sobre la vida personal de la pareja. Era capoeirista (la capoeira era al mismo tiempo una lucha y una danza que los esclavos negros utilizaban para su defensa personal); preparaba la comida para los habitantes del quilombo y también salía de caza con frecuencia. Falleció el 6 de febrero de 1694. El 24 de abril de 2019, con la ley n. 13.816, Dandara dos Palmares fue incluida en el *Libro de los héroes y heroínas de la patria* por su papel en Palmares.

31. El 6 de septiembre del año 1770 una mujer negra, madre, esclava, escribió una carta dirigida al gobernador del Capitanato de Piauí. En un acto de insurrección contra las estructuras que la deshumanizaban, denunció las situaciones de violencia que ella, sus compañeras y sus hijos sufrían en la hacienda de Algodões, una región cercana a Oeiras, a trescientos kilómetros de la futura capital, Teresina. Es probable que Esperança Garcia aprendiera a leer y escribir en portugués gracias a los sacerdotes jesuitas catequistas. Tras la expulsión de los jesuitas de Brasil y la cesión de la hacienda a otros propietarios de esclavos, Esperança fue trasladada a las tierras del capitán Antônio Vieira de Couto. Lejos de su esposo y de sus hijos mayores, utilizó la escritura como una forma de combatir reclamando una vida digna. En septiembre de 2017, doscientos cuarenta y siete años después de la redacción de la carta, a petición de la Comisión por la Verdad sobre la Esclavitud Negra en Piauí, la Orden de Abogados de Brasil reconoció a Esperança Garcia como la primera abogada de la provincia de Piauí.

Las mujeres europeas, sobre todo las portuguesas y sus hijas, debían cultivar desde una edad muy temprana el ideal de mujer modesta, pura y dedicada exclusivamente a la vida familiar. Su presencia se reducía a: matrimonio, casa, cocina, lecho, hijos, capilla y confesionario. En las fincas había siempre capilla, y los sacerdotes ofrecían continuamente a las mujeres la posibilidad de recibir la comunión y confesarse.

En este contexto, la «consagración religiosa» podía significar una cierta liberación, dado que la virginidad asumida por motivos religiosos constituía una alternativa para las mujeres blancas, para poder ser independientes. En su condición de consagradas podían desarrollar actividades que normalmente les estaban vetadas: participar en la dirección y administración del convento, de sus bienes y rentas, en la educación de las niñas, mantener contactos abiertos y libres con los «de fuera».

Sin embargo, el gobierno local no estaba interesado en fundar monasterios femeninos, porque en las colonias había mucha falta de mujeres blancas disponibles para el matrimonio. En consecuencia, hasta 1669 no se autorizó el primer monasterio femenino de Brasil, el Convento do Desterro. Pero estaba destinado únicamente a mujeres blancas, procedentes de familias acaudaladas y con prestigio social.

Para las mujeres pobres y no blancas había dos alternativas: convertirse en «sirvientas domésticas» del convento o encerrarse en su propia casa como «beatas» (una manera informal de virginidad consagrada para mujeres, que, en la sencillez, llevaban una vida de penitencia, oración y piedad). Un ejemplo de ello es la beata Joana de Gusmão[32], una viuda que consagró su vida a la Iglesia.

Otra posibilidad que tenían las mujeres eran los *Recolhimentos,* comunidades de vida religiosa femenina, sin votos oficiales, que normalmente se regían por un determinado reglamento bajo la autoridad y vigilancia del obispo diocesano. Estaban dirigidos a jóvenes que debían casarse, a la recuperación de mujeres caídas en desgracia o a prostitutas arrepentidas. La primera de estas obras fue fundada en 1740 por el padre Miguel

---

32. Nació en 1688 en Vila de Santos, hija de Francisco Lourenço y Maria Álvares. Estuvo casada con Antônio Ferreira Gamboa. Vivió en el pueblo de Paranaguá y enviudó en una fecha que se desconoce. Fue admitida en la Tercera Orden de san Francisco en 1745 o 1746. Cuando su profesión de fe fue ratificada, ya había recibido cierto reconocimiento institucional por parte de la Orden; en aquella época desempeñaba el cargo de maestra, y era responsable de iniciar a las novicias en las reglas y ejercicios espirituales de la Tercera Orden. Algunos cronistas y estudiosos asociaron a la beata Joana de Gusmão con la actividad educativa de los niños pobres. Lejos de una imagen idealizada, la reconstrucción del contexto familiar de la Beata permite situarla en las necesidades de su época: en su etapa previa como mujer casada, acompañando a su esposo en sus actividades profesionales y procurando garantizar un estatus honorable para sus hijas; en su condición de «beata», desempeñando en el ámbito religioso una labor caracterizada por un elevado grado de autonomía en relación a la Tercera Orden de san Francisco, por el establecimiento de vínculos con los religiosos franciscanos y con la Cofradía del Señor dos Passos do Desterro y guiando a un grupo de otras «beatas».

Sepúlveda con la ayuda del padre Gabriel Malagrida, en Igaraçu, Pernambuco.

Las mujeres participaron en la vida eclesial del Brasil colonial e imperial organizando eventos, realizando novenas y oraciones, promoviendo el culto a los santos y las obras de caridad. Pero su participación en confraternidades y en parroquias no se tenía en cuenta. Lo cierto es que para cualquier acción o decisión formal se convocaba a los varones, porque las mujeres indígenas o negras no se consideraban importantes y las blancas estaban sometidas a sus maridos.

Por tanto, se puede afirmar que durante más de trescientos años las mujeres brasileñas nacidas de mujeres indígenas, africanas y europeas recibieron una educación católica. Pero su actividad en la Iglesia estaba destinada a la discreción y a la invisibilidad por su condición de mujeres.

Con la proclamación de la República en 1889, el fin del *padroado* y la separación oficial entre Iglesia y Estado, la Iglesia católica atravesó un proceso de reorganización y promovió un movimiento de defensa del cristianismo en el que tuvieron gran importancia el laicado y la Acción Católica. Como veremos en el siguiente apartado, las mujeres laicas activas en las Pías Asociaciones y en la Acción Católica contribuyeron de manera significativa a la organización de la Iglesia en Brasil dentro del nuevo régimen político.

El papel de las mujeres en las asociaciones religiosas: el caso de la Amazonía[33]

En el siglo XIX la Iglesia católica experimentó grandes turbulencias con la llegada de la modernidad. Frente a los repentinos cambios que comenzaban a observarse, la opción era abrazar más eficazmente el proyecto de romanización, que se caracterizaba por la distinción de la cultura católica de otras culturas, basado en una reforma interna que apuntaba, entre otros aspectos, a una mayor agrupación en torno al Papa y a devociones más sometidas al control del clero. La bandera que izaba proclamaba que no bastaba con ser católicos, sino que había que ser católicos romanos[34].

En este sentido los laicos necesitaban un nuevo perfil; las asociaciones católicas dejaron de ser *para* los laicos, y pasaron a ser más bien asociaciones *de* laicos[35]. La mayor parte de las nuevas asociaciones estaban formadas por mujeres, llamadas a asumir un papel de apoyo en la estructuración de la familia católica en cuanto «depositarias de la moralidad»[36].

---

33. Texto escrito por Elisângela Maciel. Su testimonio está recogido en página 60.

34. ELISÂNGELA MACIEL, *Igreja de Manaus, porção da Igreja Universal. A Diocese de Manaus vivenciando a romanização (1892-1926)*, Valer, Manaos 2014, p. 49.

35. SÍLVIA ARANHA RIBEIRO, *Vida e Morte no Amazonas*, Loyola, São Paulo 1991, p. 105.

36. ELISÂNGELA MACIEL, *Igreja de Manaus, porção da Igreja Universal, o.c.*, p. 150.

Formaban parte de confraternidades y asociaciones, trabajaban en obras de caridad[37] y, de manera más determinante, destacaban en la pastoral de la liturgia y la catequesis. En Manaos se fundaron asociaciones orientadas exclusivamente a las mujeres: Apostolado de la Oración (1900); Tercera Orden de San Francisco (1911); Congregación de las Hijas del Inmaculado Corazón de María (1911); Pía Unión de las Hijas de María (1913); Pía Asociación de Nuestra Señora de Nazaret (1931); Asociación de Madres Cristianas (1938); Instituto Profesional Doméstico Santa Teresa (1938); Congregaciones Marianas (1937); Pía Unión de Niñas Católicas (1938). Cabe destacar también la importante presencia de la vida religiosa consagrada desde finales del siglo XIX hasta mediados del siglo XX en la Iglesia de Manaos[38].

---

37. Señalo, a título de ejemplo, las Damas da Caridade, fundada en Manaos en 1911, y el Ateliê Santa Rita, instaurado en 1945, donde solo ese año se inscribieron quinientos estudiantes y a finales del año seiscientas familias necesitadas recibieron los servicios de estas jóvenes (cf ELISÂNGELA MACIEL, *Entre o Tibre e o Amazonas. A romanização serpenteia a Igreja de Manaus (1916-1958)*, tesi di dottorato, UFPA, Belén 2023).

38. Las Filhas de sant'Ana (1883), que dirigieron los hospitales Santa Casa de Misericórdia y Beneficente portuguesa; las Doroteas (1910), fundadoras de la primera escuela católica femenina; las Hermanas Terceras Regulares Capuchinas (1928), que dirigieron el hospital infantil Doctor Fajardo; las Hijas de María Auxiliadora (1930), fundadoras de la escuela Auxiliadora y del Patronato Santa Teresina; las Hijas de la Caridad de San Vicente de Paúl (1940), que dirigieron el Hogar Infantil; las Adoratrices de la Preciosísima Sangre (1949), fundadoras de la escuela homónima de la Congregación.

Entre estas asociaciones, la Pía Unión de las Hijas de María y la Acción Católica desempeñaron un papel fundamental en la organización de la sociedad: estaban «vinculadas a la jerarquía romana, se convirtieron en un instrumento activo de la sociedad y, como enlace entre otras asociaciones católicas, tuvieron una clara visibilidad dentro de la Iglesia de Manaos»[39]. La primera trabajó de manera muy intensa en los siglos XIX y XX, concentrándose en el modelo de virtud basado en la Virgen Inmaculada, ocupándose de la actividad pastoral, aconsejando a otras asociaciones y guiando las celebraciones religiosas. La segunda, compuesta por más mujeres, entró en diferentes sectores sociales con el objetivo de recuperar y profundizar la catolicidad en tiempos de guerra y de desacralización del mundo. Estas asociaciones son ejemplos de la fuerza de acción de las mujeres en la Iglesia y de la presencia sólida y comprometida de la fe católica en la sociedad.

En las décadas posteriores la presencia y la actividad de las mujeres siguió creciendo, sobre todo en los movimientos laicales y en la vida religiosa. En medio de la Amazonía, por ejemplo, las mujeres ejercieron con frecuencia el liderazgo importante en numerosas

---

39. ELISÂNGELA MACIEL, *Igreja de Manaus, porção da Igreja Universal, o.c.*, p. 287.

comunidades, y entre los distintos servicios dentro de la Iglesia alcanzaron casi el 80% de la composición de la comunidad eclesial en esta región. Las mujeres son y quieren ser parte esencial en los caminos de la Iglesia, porque siempre fueron acogidas por Jesucristo y permanecen fieles seguidoras suyas que quieren ser parte de su proyecto, para que cada vez un número mayor de personas sientan ese gran amor infinito, contribuyendo a que el mundo sea cada vez un lugar mejor.

La voz profética de la cananea en su encuentro con Jesús

Analizar la realidad de las mujeres en la Iglesia desde una perspectiva histórica nos ha ayudado a darnos cuenta de que somos una mayoría activa pero invisible. Lo más preocupante es que esta situación parecía «normal» y se ha convertido en parte del modo en que la Iglesia –y la sociedad– ven a las mujeres.

Es evidente la necesidad de conversión, de cambio. Y en nuestra reflexión nos preguntamos: ¿cómo volver al estilo de Jesús? ¿Qué podemos aprender de él como Iglesia que quiere superar la «obligación de escuchar» a las mujeres?

Hemos escogido Mt 15,21-28[40] porque es un texto en el que el evangelista nos muestra que la discrepancia entre personas diferentes puede conducir a un encuentro, y de esto tenemos mucho que aprender.

El pasaje se encuentra en la sección narrativa de la cuarta parte del Evangelio de Mateo, que quiere presentar a la Iglesia como semilla del reino de Dios. Ha habido diversas propuestas para dividir la parte narrativa; la estructura en quiasmos demuestra la importancia de la centralidad de esta narración. El texto está precedido, en 14,12-21, por la multiplicación de los panes (hombres, mujeres y niños), y habla de la poca fe de los discípulos (14,22-23); luego Jesús cura a la multitud (14,34-36) y se habla de las tradiciones de los antiguos (15,1-20). Llegamos al centro: el episodio de la cananea (15,21-28). Sigue todavía Jesús, que cura a la multitud (15,29-31) y, en 15,32-39, un nuevo episodio de la multiplicación de los panes

---

40. Los estudios elaborados por dos biblistas, Lucia Weiler y Katia Rejane Sassi, han servido de base para esta reflexión: LUCIA WEILER, «Y la mujer dijo... Una mujer sabe lo que quiere Jesús le dijo: mujer grande... La valentía de exigir inclusión y transgredir lo establecido», en *Revista Testimonio* 246 (2011), pp. 7-18; ID., «Encontro entre homem e mulher como espaço de mútuo enriquecimento – Resgate de encontros numa perspectiva bíblica de gênero», en *Revista Convergência* 40/382 (2005), pp. 240-253; KATIA REJANE SASSI, *Migalhas versus abundância de pão: por um lugar à mesa. Uma interpretação feminista de Mt 15,21-28*, tesis de posgrado, Escuela Superior de Teología, São Leopoldo 2014.

(hombres, mujeres y niños) y una alusión a la poca fe de los discípulos (16,5-12).

En esta sección en la que se habla de panes, fe y curaciones, en el texto del encuentro de Jesús con la mujer cananea, el autor se concentra sobre todo en el diálogo entre los dos más que en la curación en sí. Y en el centro del diálogo sitúa las peticiones de la mujer.

Se trata de la única controversia en la que una persona «derrota» a Jesús, y esta persona es una mujer, una extranjera. El diálogo comienza con el grito de la mujer, que recibe como primera respuesta el silencio de Jesús y el rechazo de los discípulos. Cuando Jesús habla, da una respuesta que parece aún más dura que el comportamiento de los discípulos, revelando la mentalidad exclusivista del pueblo hebreo respecto a la salvación. La mujer insiste, no solo con palabras, sino con su cuerpo: se acerca, se arrodilla, repite su súplica. El segundo rechazo de Jesús parece cerrar toda posibilidad de diálogo: no es justo tomar el pan de los hijos y dárselo a los perritos. En este momento, la fuerza del argumento de la cananea ayuda a Jesús a cambiar de perspectiva y a reconocer que la fe de la mujer es muy grande y que su deseo será escuchado.

Propongo, entre las numerosas posibilidades, tres consideraciones.

Encontrar la manera de derribar las barreras y crear relaciones nuevas

Jesús y la mujer se encuentran porque salen y se arriesgan. Ambos realizan una salida el uno hacia el otro en su alteridad y diferencia. La necesidad ha hecho que la mujer abandone su mundo; Jesús ha dejado su realidad, su ambiente cultural religioso. Al principio ambos, Jesús y la mujer, se desafían, pero cada uno con la intención de tratar de comprender la postura del otro. Durante el diálogo es evidente que solo escuchando al otro se observa un cambio de postura, en la teoría y en el discurso. En una relación atenta hay curación. Jesús, la mujer y la niña han sido curados de los muros de la exclusión y del prejuicio.

Sentarse a la mesa o estar bajo ella

La mujer, en su último argumento, ayuda a Jesús a comprender la perspectiva de quien está excluido de la mesa de los hijos, donde hay pan en abundancia, y solo puede contentarse con las migajas. Reorienta la mirada de Jesús, mostrándole la perspectiva de quien no tiene nada y lo espera todo a través de la fe. Jesús es llevado a mirar la realidad desde la perspectiva de quien la presenta. En cierto modo, Jesús necesitaba «bajar» de la mesa, ponerse en la posición de la mujer respecto a los «perritos». Jesús baja, se deja conmover y provocar por el grito de quien está marginado y excluido.

Pasar de ser mujer anónima y marginada a ser protagonista

La mujer de la región de Tiro y Sidón muestra el poder de las mujeres pobres en su capacidad de encontrar maneras de sobrevivir y garantizar la vida a otros. Su toma de consciencia de la situación de exclusión se convierte en la convicción de que la transformación es posible.

La mujer anónima tiene una palabra profética que decir. Grita por la vida en tres ocasiones, denunciando toda forma de discriminación y prejuicio. Pero su grito es también un anuncio de la vida como valor supremo y del derecho a la inclusión.

Una mujer pobre y extranjera tiene una necesidad, un deseo, un sueño. Su deseo de vivir en plenitud es acorde con el sueño de Dios para la humanidad. Este es el deseo de la mujer cananea que lucha para cambiar palabras y comportamientos que deshumanizan. Un deseo fundado en lo que Jesús da a conocer cuando declara que su fe es muy grande.

Mujeres «cananeas» de diferentes partes de Brasil

Un rostro de mujer amazónica: Elisângela Maciel

Nací en Manaos el 6 de abril de 1972. Soy laica, estoy casada desde hace veinte años y soy madre de Teresa y de Olga. Desde pequeña sentí que mi lugar estaba en la Iglesia; a los doce años ya era catequista, y a los diecisiete me ocupaba, junto con otros compañeros, de la formación para la catequesis. Posteriormente comencé a encargarme de la formación de los laicos en la parroquia (catequesis, liturgia, ministros, acólitos, animación). En mi trayectoria académica estudié la carrera de Historia, y este año he cumplido veintinueve años en la enseñanza, y en todas las fases de mi formación (grado, especialización, máster y doctorado) realicé estudios de Historia de la Iglesia, y convirtiéndome en doctora en Historia de la Iglesia, con una atención particular a la Amazonía[41]. Actualmente soy profesora de Historia de la Iglesia y coordinadora de investigación y estudios de posgrado en la Facultad Católica de Amazonas.

---

41. Formo parte del Cehila-Brasil (Centro de Estudios sobre la Historia de la Iglesia en América Latina y el Caribe) desde 2015, del Grupo de Investigación sobre Religiones Panamazónicas (Ufpa) desde 2018 y del Grupo de Historia de la Iglesia desde 2024. Tengo experiencia en el campo de la enseñanza y la investigación histórica, con especial atención a la historia y la religión, y he trabajado principalmente en los siguientes ámbitos: Historia de la Iglesia; Historia de la Iglesia en la Amazonía; Historia antigua y medieval; Historia contemporánea; Religión y religiosidad; Cultura y sociedad.

He recorrido un largo camino para llegar a este nivel de formación y ocupar las posiciones que hoy ocupo. Las dificultades que he debido afrontar han sido numerosas, y he tenido que dedicar un gran esfuerzo a los estudios y las investigaciones en el campo de la Historia de la Iglesia, tanto en el ámbito académico (que, salvo algunas excepciones, no veía con buenos ojos los estudios en este campo) como dentro de la Iglesia, que todavía tiene que valorar el conocimiento y la conservación de su propia historia, empezando por el cuidado de los documentos. Como profesora de Historia de la Iglesia, ocupo un puesto que antes estaba en manos de profesores externos, dado que soy la primera persona nacida en la región en alcanzar el nivel de doctora en Historia de la Iglesia y la única en este ámbito que trabaja en la Facultad Católica de Amazonas.

Como coordinadora de la Investigación y de los estudios de posgrado, me ocupo de los eventos de la Facultad, de muchos proyectos e investigaciones; y el hecho de que una mujer los coordine y lidere sigue a veces sorprendiendo a muchas personas. Dirijo cursos de ampliación en los siguientes temas: Liturgia, Catequesis, Ministerios, Teología pastoral, Realidad amazónica, Idiomas (francés y portugués para inmigrantes), Lectura e interpretación de textos, Lenguaje de signos, Educación religiosa. Asimismo, imparto cursos de especialización que este semestre comienzan con el tema de la

Biblia y prosiguen, en el segundo semestre, con el tema de Historia de la Iglesia en la Amazonía y la enseñanza religiosa. El próximo año tendremos Liturgia, Catequesis, Derechos Humanos y Doctrina Social de la Iglesia.

Hoy tengo entre manos otro reto: seguir formando líderes laicos y futuros sacerdotes para la comunidad eclesial en ámbito académico, tratando de despertar el gusto por el conocimiento y el estudio constante, en especial en los estudios de historia de la Iglesia, recorriendo los caminos de la Iglesia en la Amazonía, para comprender las decisiones, las acciones que se están llevando ya a cabo y las que todavía son necesarias. Estudiar la Iglesia es aprender a amarla, no solo a través de la Tradición, sino con madurez y convencimiento. Confío en lograr despertar entre los laicos, los seminaristas, la vida religiosa y el clero el deseo de estudiar la Iglesia, y espero que algunos puedan convertirse en compañeros de este camino.

Un rostro de mujer de la caatinga: Natália Maria da Conceição Oliveira

Me llamo Natália Maria da Conceição Oliveira, tengo treinta y siete años y soy la hija de Raimundo Nonato y Maria Bernadette. Nací en la ciudad de Campo Maior-Piauí, en el noreste de Brasil. Recibí todos los sacramentos de iniciación a la vida cristiana en la parroquia Nuestra Señora de Fátima, que pertenece a la diócesis de Campo Maior. Tras recibir la confirmación, comencé a ayudar en la liturgia, en la catequesis y en los grupos juveniles. Al mismo tiempo finalicé mis estudios y me presenté al examen de admisión a la carrera de Historia.

En 2010 fui invitada a trabajar en la curia diocesana y a colaborar con el *équipe* diocesano de la catequesis. Gracias a este trabajo y a los diferentes cursos de formación en los que participé, conocí a varios obispos, sacerdotes, diáconos y responsables diocesanos. En 2011 terminé mis estudios de grado con una tesina sobre la Iglesia en Campo Maior. Esta investigación me permitió obtener el máster en Historia de Brasil en 2013, en la Universidad Federal de Piauí. En 2015 defendí mi tesis doctoral sobre la iglesia catedral de San Antonio.

Debido a mi trayectoria académica vinculada a la Iglesia y mi itinerario de servicio pastoral, los sacerdotes formadores del Seminario interdiocesano Sagrado Corazón de Jesús, ante la falta de profesores, propusieron mi nombre a los obispos de Piauí para estudiar un máster en Historia de la Iglesia en la Pontificia Universidad Gregoriana de Roma. Los obispos aceptaron su propuesta, y solicitaron la aprobación y confirmación del obispo de mi diócesis. Monseñor Edward Zielski no se opuso y dijo que buscaría información sobre la posibilidad de enviar a una laica a estudiar a Roma.

Cuando regresó de la reunión con los formadores y los obispos, monseñor Edward se acercó a mí y me preguntó si aceptaba la propuesta. Al ver que mi respuesta era afirmativa, comenzamos los procedimientos necesarios. Solicitamos la beca a la organización alemana *Adveniat* y recibimos una respuesta favorable. Tuvimos dificultades para encontrar un lugar donde alojarme, pero pronto conseguimos hospedaje en la Casa Provincial de las Hermanas de Santa Isabel en Roma. El obispo proporcionó toda la documentación necesaria y yo partí hacia Roma en 2016 con cierto temor, pero confiando en los propósitos de Dios.

Pasé dos años y cuatro meses en Roma. Allí tuve encuentros maravillosos y entablé amistad con laicos brasileños, religiosos, religiosas y sacerdotes de otros lugares del mundo. Pero es importante subrayar que, dondequiera que fuera, todas las personas que conocía en la Universidad Gregoriana, en el Colegio Pío Brasileño y en otros lugares, se sorprendían y me preguntaban: «¿Eres religiosa?». Les resultaba difícil creer que un obispo hubiera invertido dinero en los estudios de una mujer laica para que, a su regreso, ayudara en la formación de los futuros sacerdotes en el seminario. Muchos incluso decían que debería haberme hecho monja para no abandonar la Iglesia una vez terminados mis estudios.

Pero yo finalicé mi máster y regresé a Brasil en 2018. El obispo era otro, ahora su puesto lo ocupaba monseñor Francisco de Asís. Me recibió y me indicó el puesto que yo debía ocupar en el seminario. Así, desde el año 2019 imparto Historia de la Iglesia en el Instituto Católico de Estudios Superiores de Piauí, lugar donde seminaristas y laicos estudian filosofía y teología. Asimismo, colaboro en la formación de los laicos en las parroquias de las diócesis de Campo Maior y de otras diócesis.

Dada la oportunidad que Dios me ha otorgado y a mi labor como docente, debo afrontar algunos retos. El mayor de ellos es tener que hacer frente a los constantes recelos por mi presencia en la Iglesia. Parece que todos estén esperando que deje de enseñar en el Instituto y de contribuir a la formación de los cristianos de la diócesis. Asimismo, con frecuencia tengo que esforzarme para demostrar mi competencia, porque tácitamente y en ciertas palabras y discursos percibo una infravaloración de mi trabajo. Hubo un día en que manifesté mi opinión sobre algo con lo que la mayoría no estaba de acuerdo, y escuché que me llamaban arrogante. Me veo siempre en la obligación de aseverar que soy consciente de mi bautismo y de mi misión como cristiana, y que por eso no abandonaré la Iglesia. Pero sé en quién confío, y por eso he procurado mantenerme firme y fiel.

Un rostro de mujer del cerrado:
Kelly Cristina Mamedes

Soy la profesora Kelly Cristina da Costa Bezerra de Menezes Mamedes. Tengo cincuenta y dos años y en la actualidad trabajo como profesora en el Colegio Católico de Mato Grosso, impartiendo la asignatura de Historia de la Iglesia, además de Arte sacro y Realidades sociales, políticas y culturales de Mato Grosso.

Mi formación académica inicial se desarrolló en el ámbito del derecho, en la Universidad Federal de Mato Grosso en 1998, que me llevó a ejercer la profesión de forense durante algunos años. En esa misma institución realicé un segundo grado en Historia, además del máster y el doctorado en el ámbito de las disciplinas históricas, concentrándome en las relaciones políticas y jurídicas en la Antigüedad tardía bajo el gobierno del emperador romano de Oriente Justiniano, en el siglo VI.

Estaba ya dedicada al ámbito de la enseñanza cuando, por invitación de un amigo, me presenté al examen de admisión para formar parte del personal docente del curso de Teología de la Facultad Católica. Inicialmente la propuesta abarcaba solo temas de historia de la Iglesia antigua y medieval.

Fui admitida, y esto me pareció una gran oportunidad, pero también un gran desafío, porque, aunque debía ocuparme de materias que me interesaban realmente, me encontraría en un ambiente que era completamente nuevo para mí.

De hecho, el primer año me resultó muy difícil, porque no me bastaba solo con tener las competencias que la Institución requería para superar la oposición de mis compañeros de trabajo y de mis alumnos, un grupo compuesto prácticamente por varones –sacerdotes y seminarista– excepto una alumna laica.

La enorme resistencia que experimenté se debía al hecho de que yo era mujer y laica, más allá de mi formación como historiadora, y esto me hizo replantearme en más de una ocasión si aquel era mi lugar. Había muchas situaciones cotidianas descorazonadoras, como por ejemplo ser siempre la última en hablar en una reunión de docentes o no poder participar en los encuentros de estudiantes y profesores porque yo era una mujer. Pero, afortunadamente, rendirme nunca ha sido una opción para mí. El tiempo me enseñó que debía familiarizarme con este entorno y saber crear mi propio espacio si quería quedarme allí.

Hoy, seis años después, aunque todavía somos pocas, considero un avance la presencia de mujeres en este proceso formativo, algo que hace unos años no parecía posible.

En mi experiencia profesional, primero hubo desconfianza, pero hoy veo confianza y afecto por parte de la mayoría de las personas con las que trato día a día. Pero esto no quiere decir que afianzarse como mujer en este ambiente predominantemente masculino sea automático, porque no lo es. Con cada nueva clase, con cada nuevo compañero de trabajo, el reto comienza de nuevo.

Un rostro de mujer en el bosque atlántico: Regina da Costa Pedro

Soy Regina, mujer de color, afrobrasileña. Tengo sesenta y tres años y soy la sexta de los siete hijos que tuvieron Hélio y Benedita. Mi madre, que nació en 1922, era hija única de una joven soltera. Quedó huérfana a la edad de cinco años y fue educada por una familia que, según ella, le proporcionaron dos cosas importantes: la religión y la posibilidad de ir al colegio. Le hubiera gustado continuar sus estudios, pero su familia la trataba como una persona de segundo orden, y enseguida tuvo que ponerse a trabajar en una fábrica. Mi padre era un hombre maravilloso, pero quiero hablar de su madre y de su abuela. A finales del siglo XIX, poco después de la abolición de la esclavitud, mi bisabuela Rosalina, que vivía en una ciudad del interior de São Paulo, muy marcada por el racismo, decidió que sus tres hijas estudiaran en una escuela para niñas negras. Mi abuela, casada con un carpintero que tenía su propio taller, tuvo nueve hijos y quedó viuda a una edad muy joven. Tomó la valiente decisión de vender lo que tenía y empezar una nueva vida en São Paulo, donde sus hijos tendrían más oportunidades para estudiar y trabajar.

Con este recuerdo quiero rendir homenaje a las mujeres de mi familia. Mujeres negras que, en situaciones muy adversas, supieron formar a otras mujeres y prepararlas para llegar a donde soñaban.

En 1979 entré a formar parte de las Misioneras de la Inmaculada (Pime), cuyo carisma me permitió descubrir el rostro de Jesús, misionero del Padre, sembrador y semilla del Reino, de quien me enamoré. He vivido en África, en Camerún, durante ocho años; he vivido mi vocación misionera en diferentes realidades de las periferias de Brasil; pasé muchos años en Italia entre estudios y actividades de la Congregación.

Fui la primera joven negra que ingresó en la Congregación y la primera mujer negra en ser Coordinadora de la Provincia. Durante mi máster en Dogmática en la Gregoriana, en los años noventa, en varias clases yo era la única mujer (en aquella época tenía que caminar mucho para encontrar un aseo de mujeres…). Hoy me arrepiento de haber escuchado en silencio los chistes sexistas de un profesor en un aula cuya única mujer era yo. Hoy soy la primera mujer negra en dirigir las Obras Pontificias Misioneras en un país continental como Brasil.

En la Iglesia me he acostumbrado a ser la «primera» o la «única» en diferentes ámbitos. Este hecho pone de manifiesto dos realidades. Por un lado, habla de una larga historia de silencio y exclusión, de muchas mujeres que no han encontrado en la Iglesia un entorno capaz de valorar la enorme contribución de fe, creatividad y amor que aportaban. Recuerdo la discriminación que sufrió mi madre en la Iglesia y la experiencia que tuve yo en mi juventud con un sacerdote misógino y racista. Por otro lado, al ser la «primera», miro hacia atrás y me doy cuenta de que en muchos casos ya no soy la «única». Otras mujeres, otras mujeres negras, tienen la posibilidad de poner al servicio del Reino, siguiendo a Jesús, dentro de la Iglesia, todo lo que son, toda la riqueza que aportan precisamente porque son mujeres negras.

Me permito hablar en plural porque hablo en nombre de muchas. Nuestros pasos vienen de lejos, somos herederas de muchas mujeres a las que se les ofrecieron las migajas que caían de la mesa. Somos mujeres que hemos aprendido a hablar porque tenemos fe y porque gritamos no solo por nosotras mismas, sino por la vida. Estamos convencidas de que, del encuentro con personas diferentes, de la escucha recíproca, podemos salir todos enriquecidos y sanados, capaces de ser instrumentos de curación y de vida para todas las realidades a las que somos enviadas.

Un rostro de mujer de la pampa:
Victória Holzbach

Han pasado ocho años desde que decidí ir de misión *ad gentes*. En aquel momento, con veinticuatro años de edad, no me consideraba todavía una «verdadera» mujer, a pesar de que vivía ya sola y tenía independencia económica. En 2016 trabajé como periodista en la archidiócesis de Passo Fundo, en el interior del Rio Grande do Sul, y para mí ser misionero significaba ser un hombre. Cuando una mujer era misionera, era porque se trataba de una monja. La única posibilidad de ser misionera era convertirme en monja.

Cuando descubrí el proyecto de misión *ad gentes* que la Iglesia de Rio Grande do Sul realizaba (y sigue realizando) en el norte de Mozambique, lo que me impactó no fue la novedad de la misión en sí, sino el hecho de que allí, en la archidiócesis de Nampula, la Región Sur 3 de la Conferencia Nacional de los Obispos de Brasil (CNBB), habían enviado a mujeres laicas a la misión. ¡Laicas! Esta revelación tenía un significado claro: había un lugar para mí en la misión *ad gentes*. Yo, Victória Holzbach, laica, podía ser enviada por la Iglesia para la misión. Dios fue bondadoso conmigo porque me puso allí, siguiendo los pasos de las mujeres valientes que me habían precedido. Cuando llegué, la primera misionera laica que había conocido hasta ese momento me enseñó todo lo que debía aprender. No me mostró exactamente cómo ser una misionera, pero me hizo ver y sentir lo que significaba ser la única mujer en un equipo misionero con otros tres sacerdotes, en un país y una cultura extremadamente sexistas. Fue ella quien me dijo por primera vez (no con palabras) en la Iglesia: «tu presencia aquí es fundamental».

Durante los tres años de misión sentí, cada día, cómo crecía la sensibilidad que favorece la relación con las diferentes culturas, algo que permite escuchar, mirar y acoger mejor y con mayor atención las cuestiones del pueblo de Dios. Allí, en un estrecho contacto diario con el pueblo Macua, comprendí que también ser mujer es una gran responsabilidad. Como si esos niños y esas otras mujeres me confiasen cada vez más una parte de sus costumbres, de su lengua y de su misma vida.

Cuando regresé de la misión *ad gentes,* en 2020, asumí la tarea de coordinadora de la comunicación de la Región Sur 3 en la CNBB. También en esta nueva misión observé que este es uno de nuestros mayores avances: muchas mujeres han luchado y nos han abierto el camino para llegar hasta aquí. Muchas mujeres hoy se encuentran en espacios que antes eran impensables para nosotras, y son ellas las que abren las puertas y las ventanas de la Iglesia para hacernos entrar por todas partes, aunque a veces haya quien considere esto como una invasión. Ocurre en la misión, en la comunidad, en la gestión de los recursos humanos y económicos. Por no hablar de nuestras catequistas y ministras, para quienes las palabras concuerdan automáticamente en femenino.

Para proseguir el camino...

Hay otra cosa esencial que, a través de la sinodalidad, hemos hecho crecer: hemos proporcionado una fuerza adicional a favor de los derechos de las mujeres, especialmente contra la violencia que afecta a miles de ellas cada día en el mundo. En un momento como este, en el que tantas mujeres ven su vida amenazada, ver a la Iglesia –en las mujeres– luchando por defender la tierra, la casa común y a otras mujeres, es una gran señal de esperanza. Esto acerca la Iglesia al pueblo y la convierte en una auténtica Madre amorosa, que no solo ama a sus primogénitos, sino que también ve y acoge el dolor y el llanto de sus hijas.

Desde el lugar en el que nos hallamos, estamos, miramos atrás y vemos todo el camino que hemos recorrido. Pero el camino que queda por recorrer es todavía muy largo y nos plantea importantes desafíos. Sigue haciendo falta una conversión en la jerarquía de la Iglesia católica, caracterizada por la hegemonía de los hombres. Debemos superar todavía el machismo que menosprecia nuestras capacidades, nuestras experiencias, nuestros conocimientos, y que, frente al discurso firme de una mujer, encuentra más fácil llamarla loca.

Es nuestro deber escuchar el clamor por desmasculinizar la Iglesia, y esto no sucederá solo cuando nuestros espacios de gestión sean equitativos en términos de género, sino cuando aceptemos que el Espíritu se manifiesta y tiene mucho que decir a través de nosotras, las mujeres.

MUJERES Y CULTURA: ENTRE OPOSICIÓN Y TRANSFORMACIÓN

Stella Morra

Hoy estamos acostumbrados a hablar de cultura o, mejor dicho, de culturas, y ya no confundimos, por lo general, la «cultura académica», el ser cultos por haber tenido la oportunidad de estudiar, con lo que entendemos cuando decimos que cada uno de nosotros pertenece a una cultura (o, mejor dicho, *es* una cultura). Cuando empleamos el término «cultura» nos estamos refiriendo, más frecuentemente, a un conjunto, muy difícil de definir[42], de conocimientos, comportamientos, costumbres, convencionalismos y lenguajes que en cierto modo nos permiten vivir y experimentar pero que, al mismo tiempo, nos contiene y nos modela.

Este doble sentido crea un amplio espacio de definición: por un lado, las mujeres y los hombres *hacen* sus propias culturas, sobre todo si consideramos un tiempo

---

42. ALFRED LOUIS KROEBER – CLYDE KLUCKHOHN, *Culture: a Critical Review of Concepts and Definitions*, New York 1963, recoge 164 definiciones de «cultura» que están vigentes en la actualidad.

extenso de varias generaciones; las producen, las transforman; pero, al mismo tiempo, las culturas *hacen* a las mujeres y los hombres que somos, nuestra manera de hablar, lo que consideramos cortés y adecuado y lo que no.

Y nos acecha siempre el gran riesgo de reconocer las culturas únicamente por sus aspectos exóticos, folclóricos, y ajenos a nosotros; es decir, como culturas de otros. Porque nuestra cultura será siempre una prueba, una realidad dada, porque es el agua en la que nadamos, el aire que respiramos, lo que constituye nuestro *habitus*.

Como veremos, esta cuestión es muy relevante cuando hablamos de mujeres y hombres o de masculino y femenino: de ahí que los términos relativos (cultura patriarcal o machista, cultura feminista, etc.) sean hoy bastante comunes y, a menudo, no sabemos cómo «manejarlos».

En mi opinión, en la vida cotidiana, y también en nuestras reflexiones, surgen muchas cuestiones muy concretas: ¿qué margen de libertad deja la performatividad de las culturas a los sujetos individuales? ¿Qué diferencia hay entre culturas e ideología? ¿Se puede, y de qué modo, como mujeres y hombres comunes, ser productores responsables de cultura? ¿En qué sentido son las culturas un elemento decisivo en la construcción de un «nosotros» que sea un pueblo y no solo una masa, junto a la memoria compartida y el proyecto común? ¿Cuál es, si existe, y en qué sentido, una *cultura del pueblo de Dios,* un pueblo llamado a estar en *todas las culturas* de las mujeres y los hombres a lo largo del tiempo y el espacio?

Dada la amplitud y concreción, la reflexión ha de ser necesariamente ahondada porque se trata de una (probablemente *de la*) cuestión fundamental del estar en el mundo y de intentar ordenar las cosas del mundo según Dios (cf LG 31).

Por tanto, debemos tener un poco de paciencia y dar algún «paso atrás» para esclarecer algunos puntos antes de entrar de lleno en la reflexión sobre las mujeres.

Las culturas son un *conocimiento práctico*

Hemos dicho que la cultura es difícil de definir: sobre todo porque la cultura se caracteriza como un *conocimiento práctico*[43]: un conocimiento práctico es un *discurso* o *acto* capaz de orientar una práctica hacia un fin, con una temporalidad propia, un anclaje a la realidad, y que pasa fundamentalmente a través del cuerpo en su totalidad; es, esencialmente, un conocimiento físico,

---

43. Para profundizar en este tema puede verse: PIERRE BOURDIEU, *Razones prácticas,* Anagrama, Barcelona 1997; ÉTIENNE WENGER, *Comunidades de práctica,* Paidós, Barcelona 2001.

corporal. Algunos ejemplos nos ayudarán enseguida a comprenderlo: tocar un instrumento, conducir un coche, usar un ordenador son ejemplos típicos de conocimientos prácticos. El aprendizaje teórico suele ser breve y «técnico», basta con tener unas pocas nociones fundamentales. Pero luego se necesita mucha práctica para adquirir una forma de automatismo que haga fluida la acción. Porque lo que se aprende, en cierto sentido, «se olvida» (a este dedo corresponde esta nota, a este gesto corresponde este cambio de marcha, etc.): es algo que ya no debemos pensar; sabemos tocar bien o conducir bien cuando ya no pensamos qué corresponde a qué, sino cuando nuestra mente se dedica a la interpretación, porque la mano (¡y no yo!) conoce la técnica necesaria.

Para tocar bien el piano, se requieren infinitos (y aburridos) ejercicios de solfeo, hasta que los ojos sepan lo que yo ya no sé: solo entonces podré dar color y pasión a la interpretación, hacerla realmente mía.

Los conocimientos prácticos son fundamentales: son un proceso de intercambio recíproco y constante entre mi consciencia mental y moral y mi cuerpo, que permiten vivir con soltura e interpretar mi propia vida con «un espíritu» personal.

Por otro lado (a diferencia de los conocimientos prácticos de tipo técnico) las culturas como conocimientos prácticos son un conocimiento compartido, plural, de grupos que se entrecruzan y que tienen límites permeables y mutables[44]. El idioma materno (¡y ruego que se observe el adjetivo que lo determina!) es un claro ejemplo de cultura como conocimiento práctico: lo aprendemos antes de saber su gramática, en el diálogo con los demás que nos interpretan y comprenden también cuando nos equivocamos, y lo conocemos mejor de lo que podemos conocer cualquier otra lengua que aprendamos posteriormente, pero es un patrimonio bastante mutable que cambia durante nuestra vida y nuestros estudios y lecturas y por el uso que hacen de él los diferentes grupos sociales y a lo largo de los siglos.

Todos hemos vivido en la época del Covid 19, cuando la interrupción imprevista de todos los conocimientos prácticos cotidianos (saludarse, hacer la compra, pasear, etc.) que tuvimos que replantearnos a la luz de las advertencias médico-sanitarias, nos desconcertó y sobre todo nos cansó a todos muchísimo, mental y físicamente.

---

44. Aquí sería útil una profundización sobre los mecanismos de la construcción del nosotros, de un sujeto colectivo, cuestión que hoy tiene verdadera importancia. Remitimos a BRUNO LATOUR, *Reensamblar lo social: una introducción de la teoría del actor,* Manantial, Buenos Aires 2008.

Pero saber todo esto ha llegado (y solo en parte) en el momento en el que el mecanismo se interrumpió: no pensamos en la respiración más que cuando tenemos tos y nos cuesta respirar. En un momento normal, respiramos y ya.

Esto se debe a un núcleo muy importante sobre el que debemos reflexionar: los conocimientos prácticos, y las culturas como conocimientos prácticos, están compuestos de una dimensión cognitiva (y consciente, por lo general) y de una dimensión metacognitiva (e inconsciente, por lo general). El derecho a la educación se refiere precisamente a esto: saber y estudiar significa tener palabras y conceptos para ampliar la parte cognitiva de nuestra vida, porque esto permite un pensamiento crítico, sobre todo, sobre nosotros mismos y, por tanto, un mejor ejercicio de la libertad. Negar a los pobres el derecho a la educación es algo muy grave, porque los obliga a permanecer condenados únicamente a lo metacognitivo, y, por lo tanto, a una libertad limitada.

El historiador italiano Alessandro Barbero afirma que ir a la escuela significa ser capaz de vivir (y comprender) también la vida de los demás, y, por tanto, ser capaz de tener un terreno común de diálogo; de lo contrario, nos condenaríamos a vivir únicamente nuestra propia vida, en una total autorreferencialidad.

La dimensión metacognitiva actúa siempre, es siempre eficaz, incluso cuando hemos estudiado mucho, e incluso (quizá, sobre todo) cuando no somos conscientes de ello: es la dimensión del *haber olvidado,* de lo que hemos hablado un poco más arriba.

En un cambio de época donde los conocimientos prácticos adquiridos han dejado de ser útiles ante la velocidad de lo que cambia, es precisamente en lo metacognitivo donde se arraigan las *resistencias*: lo que no somos capaces de reconocer como un aporte cultural nos hace reaccionar al cambio como algo que va en contra de lo que es evidente en sí mismo; carecemos de términos y de conceptos para dialogar y, por tanto, construimos ideologías que polarizan y, en última instancia, acaban por minar desde la raíz el *nosotros* en cuya construcción participan las culturas. Estoy profundamente convencida de que debemos de verdad tratar la cuestión de las resistencias metacognitivas: se trata, por un lado, de tomar en serio el esfuerzo de quien se resiste al cambio, y, al mismo tiempo, de seguir en el cambio el soplo de un Espíritu que crea cosas nuevas hacia la tesitura de nuevos y más amplios *nosotros*, de espacios de comunidad y cuidado, capaces de ayudar a que lo *naciente* en las sociedades se convierta en un elemento *instituyente,* y luego *constituyente y convocante* para todos.

No un tema, sino una forma
con capital simbólico

Una vez establecida esta primera premisa, necesitamos una segunda: la cultura, por tanto, no es, ni se caracteriza o se reconoce por un *tema*, como si fuera un asunto entre otros, sobre el cual ejercitarse con doctas reflexiones de contenido. Las culturas son *formas*[45], modos complejos y procesuales de estar en el mundo, de ser yo y *nosotros,* de ejercer libertad y responsabilidad hacia todo el mundo. Y el deber primordial de servir al mundo «para que todos sean uno» (Jn 17,21) es llegar a ser (de nuevo) capaces de colaborar en la producción performativa de las culturas que esta época necesita.

Una forma, y la forma cultural *in primis,* representa la correlación dinámica no solo de un *nosotros* sincrónico, sino también de un *nosotros* diacrónico. No es únicamente un elemento de unidad múltiple que nos hace pueblo, sino que también nos hace pueblos en la historia: porque representa la transmisión física, «corporal», de la relación entre pasado y futuro (memoria común y deseo/esperanza común) y presente.

---

45. Sería muy útil aquí interpretar en esta clave el pasaje antes citado de Juan XXIII, *Gaudet Mater Ecclesia.* Discurso de apertura del Concilio ecuménico Vaticano II, 11 de octubre de 1962, sobre la *forma* pastoral del magisterio (y la doctrina), que asumiría, así, su pleno sentido.

Lo que se transmite y se consigna a través de la experiencia de los conocimientos (prácticos) ya elaborados (cómo se hace algo, en qué medida lo consideran acertado o equivocado los demás y cómo lo perciben, cómo nos permite estar en el mundo…) lo hacemos propio a través de un camino cognitivo, y en nuestro conocimiento corporal lo interpretamos en nuestra forma de hacer y ser para trabajar en una dimensión profética de construcción de futuro que, como el pasado, no nos pertenece de manera individual, sino que se convierte en patrimonio común que los demás también han hecho suyo. En nuestra condición de creyentes, este mecanismo no debería sorprendernos: es lo que *Dei Verbum* (nn. 7-12) denomina *tradición viva*. Pasado y futuro están en manos de Dios, por tanto, están en manos seguras, pero requieren un presente confiado a nosotros que sea grata asimilación, responsable reelaboración y profética custodia.

Esta compleja pero vital operación (paradójicamente, ¡más difícil de explicar que de vivir!) funciona sobre todo a nivel de *capital simbólico,* como nos enseña Pierre Bourdieu[46].

Por lo general se entiende por capital simbólico la posesión de un cierto poder carismático o un rasgo personal atrayente. Originalmente el capital simbólico es

---

46. Pierre Bourdieu, *Razones prácticas, o.c.; Forme di capitale*, Armando Editore, Roma 2015; *La dominación masculina,* Anagrama, Barcelona 2006.

la propiedad oculta que un objeto o una persona poseen de manera «natural». Este capital no es una propiedad, sino un elemento vinculado a la estructura desigual de las relaciones sociales; a diferencia de todas las demás formas de capital, el capital simbólico está relacionado con el acto de reconocimiento, o desconocimiento, por parte de los demás; ya sea de los que pertenecen al mismo grupo, entendido como clase social o género, o de los que son ajenos al grupo. A través de este reconocimiento se consolidan y legitiman las dinámicas de poder y las desigualdades[47].

El capital simbólico es lo que muestra la eficacia de la intersección entre la dimensión cognitiva y la dimensión metacognitiva de las culturas; también aquí los creyentes no deberían sorprenderse demasiado del poder y de la eficacia material e histórica de una realidad

---

47. En un primer momento, Bourdieu empleó el concepto de capital simbólico como una manera de distinguir la acumulación de determinados bienes no estrictamente económicos, como honor, prestigio, seguridad, relaciones, conocimientos. En escritos posteriores se encuentran definiciones como: «Forma que adoptan los diferentes tipos de capital cuando se perciben y reconocen como legítimos». Se trataría, por tanto, de una especie de capital que funciona como valor añadido de prestigio, legitimidad, autoridad, reconocimiento de los otros capitales, principios de distinción y diferenciación que se ponen en juego frente a los demás agentes del campo, que se añadirían a la posición que se ocupa (en el campo) para el control del capital específico que constituye el objeto de disputa en ese campo: una propiedad que, dado que responde a expectativas colectivas, socialmente construidas, a creencias, ejerce una especie de acción a distancia sin contacto físico (PIERRE BOURDIEU, *Il campo religioso. Con due esercizi*, Accademia University Press, Turín 2012).

que aparentemente carece de la posibilidad de *cosificación:* es el poder de las relaciones.

Este capital actúa sobre todo a nivel de generación de *narraciones performativas:* volver a comprender y compartir la realidad en una historia dotada de sentido y justificación y hacer que este reconocimiento se corresponda con articulaciones estructurales y sociales que permitan la realización y la dimensión *instituyente* del nosotros. Hemos hablado antes sobre la dimensión *naciente* que se manifiesta en las dinámicas de resistencias y profecía de lo cognitivo y metacognitivo, aquí vemos que la dimensión *instituyente* actúa a nivel de la articulación de lo simbólico con la diferenciación social. Más adelante veremos cómo se caracteriza la dimensión *constituyente* y *convocante.* Pero siempre se trata de la constitución de un nosotros, problema determinante, y de la posibilidad de actuar y mostrar lo *común.*

¿Y las mujeres entonces?

Después de hablar rápidamente de este aspecto fundamental, llegamos, pues, a la cuestión de las mujeres y de los hombres en esta dimensión cultural así entendida, como forma de estar en el mundo en una posibilidad del *nosotros.*

Las mujeres están normalmente en el centro del capital simbólico: todas las culturas, aunque en realidad las discriminen y limiten y no respeten su dignidad, idealizan y exaltan el poder materno y procreador de las mujeres, necesario para la continuación de la especie. En ello reconocen una función social esencial y, por tanto, tienden a una reglamentación del poder para *extinguir y ordenar* la potencia naciente, instituyente y constituyente del poder simbólico que se atribuye a las mujeres. El sexo (el eros) y la muerte son los dos capitales simbólicos más poderosos, que, en su articulación con la estratificación social, deben ser «domesticados» y regulados.

De ahí que estar en el centro del capital simbólico normalmente se articule en una marginalidad radical en las estructuras de poder y de acción social y económica (un buen ejemplo teorizado y explicitado de ello es la interpretación balthasariana del doble principio mariano-petrino, una narrativa performativa muy poderosa, que tanto molesta a las mujeres creyentes[48]).

Pero no se trata ya de razonar dentro de una lógica binaria, horizontal y lineal, en una supuesta tensión hombre-mujer, como si se tratase de dos grupos homogéneos en su interior que están en una lucha de naturaleza sustitutiva para tener supremacía el uno sobre el otro, o dentro de una lógica pacifista de supuesta reciprocidad.

---

48. Lucia Vantini – Luca Castiglioni – Linda Pocher, *¿«Desmasculinizar» la Iglesia?*, o.c.

Más bien se trata de asumir una lógica compleja en una *tensión centro-margen*, continuamente dinámica, en la que la importancia de estar en el centro y la dificultad de estar en el margen se declinan en un rango de posibilidades plurales que generan muchas figuras diferentes de hombres y mujeres en la historia, cuya posición varía según los niveles que se operen.

De modo que la primera pregunta que hay que hacerse es si el deber de la Iglesia, en obediencia al Evangelio, es fortalecer una lógica en cierto sentido alienada entre centralidad simbólica y marginalidad social, ideológicamente exacerbante, o, por el contrario, fomentar una mejor articulación entre lo simbólico y lo estructural para que el capital (tanto el simbólico como el de poder) esté al servicio del crecimiento de un *nosotros,* de un *común.*

Esta articulación requiere obligatoriamente una cierta dosis de confrontación, en lo concreto, que no es necesariamente una lógica reivindicativa, sino más bien la dificultad de hacer madurar lo naciente hacia lo instituyente y lo constituyente, que es una acción puramente colectiva (podríamos decir «sinodal») y que, por tanto, requiere tiempo, paciencia, escucha, procesamiento de las resistencias, creatividad, confianza (y, por tanto, cierta confrontación). Esta confrontación, como ocurre en las relaciones amorosas, es el lugar donde poder «restablecer la paz» haciendo madurar la relación hacia un nivel más profundo de encuentro y un estar en el mundo más creativo y creador.

También aquí se trata de preguntarse a qué debe dar prioridad la Iglesia del Señor en su servicio al Evangelio: la toma de postura clara y tajante que choca con el rango más ideológico de aquel a quien se percibe como el adversario en el conflicto, definiendo la postura propia y la ajena en la confrontación (lo que, en cierto modo, acaba por solidificar esta misma confrontación) o más bien tratar de crear un diálogo productivo en colaboración con los sujetos más matizados del rango de posturas para constatar si se puede, al menos parcialmente, *instituir* un *nosotros* más amplio y rico. En este sentido podrían hacerse observaciones críticas sobre la declaración *Dignitas infinitas* y su finalidad real y cultural: ¿a qué propósito sirve realmente, más allá del de afirmar contenidos concretos y precisos?

Pero desde el punto de vista cultural, la cuestión no es ya contraponer las culturas en una lógica de acertado o equivocado: porque las culturas existen y son una parte performativa de lo real, arraigadas en las resistencias de las que hemos hablado anteriormente y, por tanto, difíciles de cambiar; pero están siempre activas, son eficaces seamos o no conscientes de ellas. La pregunta que habría que hacerse es más bien la contraria: si no constatamos la eficacia de determinadas convicciones teóricas, ¿dónde se bloquea el mecanismo de producción cultural? ¿Basta con una lectura de tipo moral (no nos esforzamos lo suficiente, no somos lo bastante coherentes, etc.) o es más útil una interpretación cultural sobre el origen de las resistencias y de los errores de articulación entre naciente e instituyente? Por tanto, se trata de localizar las grietas, los puntos abiertos que se pueden tomar como puntos de partida para un mejor desarrollo.

Se trata de dejar germinar y reconocer los puntos posibles de crecimiento: no para las mujeres ni solo con las mujeres, sino puntos donde todos podamos crecer en una mejor articulación entre lo simbólico que nos guía y lo estructural que nos hace eficazmente capaces de realizar acciones comunes e identificables.

Desde este punto de vista es muy urgente comprender de nuevo el papel y la postura cultural de los hombres, los varones (y también de los ministros, que son todos varones). El descubrimiento de su metacognición desvelará su posición inversa, al menos en este momento: una centralidad del poder y de la responsabilidad demasiado débilmente reconocida y replanteada en el capital simbólico: aquí se halla una de las raíces de la actual reivindicación de la «debilidad» masculina, que a veces acaba manifestándose como prepotencia y violencia. Pero aquí también se hallan dificultades e incertidumbres más sutiles de la masculinidad, que se reflejan marcadamente en la calidad de vida y de las relaciones.

Esta mirada me parece verdaderamente urgente e importante: hemos pensado y compartido demasiado poco el desconcierto simbólico masculino que ha provocado la ruptura del equilibrio centro-periferia que las mujeres están llevando a cabo. Las mujeres realizan una transición eficaz al articular de manera diferente la dimensión simbólica y la del poder.

Quizá pueda ayudarnos un ejemplo histórico, aunque solo lo mencionemos. En el momento en que la Iglesia romana tuvo que abordar, en el Concilio de Trento, la crisis que había provocado la llegada de la modernidad, de los grandes descubrimientos, tanto en China como en América, y de la ruptura vinculada a Lutero, el Concilio identificó una estrategia eficaz: estructurar la conciencia de los individuos para que pudieran «resistir» a los conflictos que atravesaban Europa con autonomía. Y por eso invirtió en *doctrina,* que se enseñaba desde la infancia con el catecismo, se sustentaba en las familias y se confiaba a los párrocos; en la *formación del clero* con los seminarios, donde el clero se convertía en el perno esencial para el *control de las conciencias* y de la *territorialización,* que, a su vez, permitió la cercanía de la Iglesia a los individuos en el día a día.

Esta opción supone dos cosas: por un lado, que la mediación cultural colectiva queda totalmente delegada a lo social, distinto de lo eclesial, que parece una sencilla expresión actual de cristiandad; por otro lado, la centralidad concordante y simbólica entre poder y ministro-varón.

En la actualidad, cinco siglos y dos Concilios después, cuando es evidente que ya no estamos (y en algunos lugares nunca hemos estado) en una sociedad cristiana, sino más bien plural, y cuando la centralidad del ministro-varón está a menudo deformada y ha derivado en clericalismo o manipulación y aun así está cansada y debilitada, aparentemente en sentido contrario seguimos tomando las mismas decisiones estratégicas: multiplicación de las catequesis, mil revisiones de la formación del clero, intento por controlar con documentos ideológicos y «claros», y vanos esfuerzos por mantener una lógica de la territorialización, lamentando la reducción de los ministros y la movilidad radical de los seres humanos (de los ricos ciudadanos del mundo y de los pobres obligados a migrar). Se comprende enseguida que esta operación es un fracaso, y que, sobre todo, abruma a los ministros-varones, señalándolos como el eje indispensable de toda la estructura, cuando ni como hombres ni como ministros poseen ya el «capital social» necesario, y acaban por experimentar un cansancio mental y colectivo realmente enorme (*anomia*, se denominaría en sociología), desarrollando resistencias metacognitivas muy intensas.

Modos de comprender y de actuar

En esta lógica y centrándonos en el tema concreto de la relación hombre-mujer es particularmente inútil (y confiamos en haberlo demostrado) llevar a cabo una operación etnográfica respecto a las culturas, es decir, elaborar un muestrario descriptivo de las diferentes variaciones culturales de esta relación en distintos lugares y en las distintas historias. Sobre todo, si esta operación se hace a nivel general, con grandes unidades de análisis (las mujeres en Europa, en Asia, en África, etc.). Pero necesitamos disponer de algunos elementos generales que nos permitan movernos en una cierta unidad (diferente de la uniformidad) de inspiración y comprensión, respetando tiempos, lugares, resistencias y sensibilidades, pero también esforzándonos todos por convertirnos cada vez más a la capacidad de acogida y dignidad reconocida por Dios en Jesucristo, como individuos y como cultura.

Aquí entramos, pues, en dos últimas cuestiones que me gustaría abordar y que en mi opinión son muy relevantes.

La primera es el servicio que hay que prestar a los individuos que viven en realidades concretas (¿el pueblo de Dios?), inclinado a reconocer cada vez más su parcialidad (el hecho de la creación no debe llevar a establecer una lógica estrictamente dual, sino más bien una lógica «trinitaria», en la que el ser en la historia está orientado a la comunión, comenzando desde la experiencia de la parcialidad que reconoce a Dios como creador, es decir, como único absoluto).

Reconocer nuestra parcialidad significa poner en primer lugar nuestra conversión (no la de los demás), desenmascarando nuestras suposiciones metacognitivas que no pueden ni deben ser usadas como obviedades. Es descubrir nuestra posición, que está tanto en el centro como en el margen, y no creer en nuestra absoluta centralidad.

Desde este punto de vista es muy interesante una línea de pensamiento que está afianzándose en la reflexión de las mujeres, que es la cuestión que hemos definido de la *interseccionalidad:* esta palabra hace referencia precisamente a la geometría; el punto en el que dos rectas se cruzan se llama intersección. Una recta con coordenadas, es decir, que tiene un arriba y un abajo, un norte y un sur, se llama eje, como los ejes del plano cartesiano. Los ejes sirven para establecer orden y jerarquía: si ponemos dos números en fila a lo largo de un eje, siempre podremos decir cuál es mayor y el menor. De igual manera, entre personas es fácil decir cuáles son más importantes que otras: los hombres son más importantes que las mujeres, las personas blancas son más importantes que las negras, quien tiene un cuerpo capacitado es más importante que quien tiene alguna discapacidad, etc.

Toda persona puede estar atravesada por más de un eje y, por tanto, encontrarse en un punto de intersección. En este caso, ¿cómo debe colocarse? ¿Debe ponerse del lado de las mujeres blancas para combatir el machismo o del lado de los hombres negros para combatir el racismo? Tradicionalmente este fue el origen del feminismo interseccional: *no aceptar usar una sola clave interpretativa* y no colocar toda la experiencia de una persona a lo largo de un solo eje.

Se trata de asumir nuestra parcialidad y hacer que no sea una debilidad, sino que se convierta en una ocasión de fraternidad y sororidad plural y fecunda.

Este sería un camino realmente fructífero que recorrer: permitir que los individuos, a solas y en diferentes niveles comunes, hagan fecunda su parcialidad, asumida en el lugar cultural en el que viven, a través del reconocimiento de los estados nacientes y de la articulación necesaria hacia el estado instituyente. Es una operación que requiere un aprendizaje no solo teórico, sino más bien físico, corporal, precisamente. Que en realidad llamaríamos «sinodal».

La segunda cuestión que me gustaría indicar es la correlación que, en el caso de la cuestión hombres-mujeres, se establece entre *biología-naturaleza/biografía/cultura,* que proporciona resultado complejo y de alto grado de procedimiento en la vida de las personas. Estos tres elementos no pueden separarse nunca y «conforman» la experiencia de las personas. Las numerosas y diversas reflexiones en torno a la categoría de *género* nos han ofrecido una claridad ya bastante amplia sobre la posibilidad de utilizar y reconocer esta tríada para la comprensión de la realidad. Y este es, sin duda, un aspecto fecundo y útil de dicha reflexión.

Como hemos afirmado antes, consideramos particularmente inútil (y perjudicial) centrarse en los aspectos más ideológicos de esta «cultura» (a menudo incluso caricaturizándola y reduciéndola a posiciones individuales estereotipadas o superadas), desatando y polarizando el conflicto. Normalmente, esto implica una mayor influencia cultural del supuesto adversario, y entre otras cosas lo hace «simpático», porque se le considera perseguido, e innovador en términos de capital simbólico.

Más bien se trata de captar la complejidad de esta triple dimensión, naturaleza/biografía/cultura, en el marco de las precisiones que hemos tratado de delinear, tratando posteriormente de construir *alianzas* con los individuos que sienten y viven en primera persona esta reflexión. Aquí radica la dimensión *constituyente* y *convocante* de la que hemos hablado antes: el naciente que se articula en instituyente en el diálogo con la diversidad de posiciones puede convertirse en *constituyente*, precisamente:

alianzas para el bien común en las dimensiones posibles, conscientes de la parcialidad, en ocasiones muy fuerte, de la operación. Las alianzas se hacen en torno a maneras de entender y actuar que quieren volverse cada vez más amplias (hasta orientar todo el mundo y la historia hacia el reino de Dios), pero que en la realidad saben reconocer incluso el más mínimo brote de posibilidad (yo personalmente llamaría a esta actitud «virtud de la esperanza», que ve y ama lo que será[49]).

Creo que esta sería la forma de poner en práctica el número 58 de *Gaudium et spes,* que dice:

> Múltiples son los vínculos que existen entre el mensaje de salvación y la cultura humana. Dios, en efecto, al revelarse a su pueblo hasta la plena manifestación de sí mismo en el Hijo encarnado, *habló según los tipos de cultura propios* de cada época.
>
> De igual manera, la Iglesia, al vivir durante el transcurso de la historia en variedad de circunstancias, ha empleado los hallazgos de las diversas culturas para difundir y explicar el mensaje de Cristo en su predicación a todas las gentes, para investigarlo y comprenderlo con mayor profundidad, para expresarlo mejor en la celebración litúrgica y en la vida de la multiforme comunidad de los fieles.

---

49. CHARLES PÉGUY, *El pórtico del misterio de la segunda virtud:* «La esperanza ve lo que todavía no es y que será. Ama lo que todavía no es y que será».

Pero al mismo tiempo, la Iglesia, enviada a todos los pueblos sin distinción de épocas y regiones, no está ligada de manera exclusiva e indisoluble a raza o nación alguna, a algún sistema particular de vida, a costumbre alguna antigua o reciente. Fiel a su propia tradición y consciente a la vez de la universalidad de su misión, puede entrar en comunión con las diversas formas de cultura; comunión que enriquece al mismo tiempo a la propia Iglesia y las diferentes culturas.

La buena nueva de Cristo renueva constantemente la vida y la cultura del hombre, caído, combate y elimina los errores y males que provienen de la seducción permanente del pecado. Purifica y eleva incesantemente la moral de los pueblos. Con las riquezas de lo alto fecunda como desde sus entrañas las cualidades espirituales y las tradiciones de cada pueblo y de cada edad, las consolida, perfecciona y restaura en Cristo. Así, la Iglesia, cumpliendo su misión propia, *contribuye, por lo mismo, a la cultura humana y la impulsa, y con su actividad, incluida la litúrgica, educa al hombre en la libertad interior.*

PERFILES

Linda Pocher

Nació en Udine en 1980. Es Hija de María Auxiliadora desde 2003, graduada en Filosofía y doctora en Teología dogmática. Imparte Cristología y Mariología en la Facultad Pontificia de Ciencias de la Educación Auxilium de Roma, donde coordina el itinerario de ecología integral «Custodios del Jardín». Es socia de la Asociación Teológica Italiana y miembro del Consejo de la Pontificia Academia Mariana Internacional y del Comité Científico del Diploma conjunto en Ecología Integral promovido por la red de Universidades y Facultades Pontificias de Roma.

En 2021 publicó *Dalla terra alla madre. Per una teología del grembo materno.* Para Paoline, en 2023 editó el libro *Immagini di Maria, immagini della donna. Cinema e mariologia in dialogo,* y en 2024 escribió la introducción y un capítulo en *Donne e ministeri nella Chiesa sinodale.* En la editorial Paulinas ha publicado dos libros en 2024: *¿«Desmasculinizar» la Iglesia? Debate crítico sobre los principios de H. U. von Balthasar* y *Mujeres y ministerios en la Iglesia sinodal.*

Regina da Costa Pedro

Es afrodescendiente y nació en São Paulo (Brasil) en 1960. Pertenece a la congregación de Misioneras de la Inmaculada (Pime). Tras su diploma en Espiritualidad misionera en la Pontificia Universidad Urbaniana finalizó el grado en Psicología en el Instituto de Psicología y el Grado Magistral en Teología sistemática en la Pontificia Universidad Gregoriana.

En su Congregación, además de encargarse de la formación, ha colaborado con el departamento de investigaciones históricas y espirituales escribiendo la biografía de una de las fundadoras y participando en el proceso de renovación de las Constituciones.

Ha trabajado en pastoral como acompañante espiritual y consejera (liderazgo y formación comunitaria) y ha impartido Ecumenismo y Diálogo interreligioso en la Facultad Católica de Feira de Santana. En la actualidad es directora nacional de las Pontificias Obras Misioneras de Brasil.

Stella Morra

Nacida en 1956, laica, es socióloga y teóloga (obtuvo su doctorado en la Pontificia Universidad Gregoriana, con una tesis sobre la palabra mística según Michel de Certeau). En la actualidad es profesora extraordinaria en la Facultad de Teología en la Pontificia Universidad Gregoriana, en el Departamento de Teología Fundamental y en el Centro Fe y Cultura «Alberto Hurtado» de la misma universidad. En octubre de 2021 fue nombrada consultora en la Congregación para la Doctrina de la Fe (hoy Dicasterio).

Proviene de la experiencia de la Acción Católica Italiana, es socia fundadora del Coordinamento Teologhe Italiane (www.teologhe.org) y anima la asociación cultural «L'Atrio dei Gentili» (www.atriodeigentili.it).

Sus temas de investigación se centran en particular en la eclesiología fundamental, los estudios culturales y la importancia de las prácticas en las formas históricas de la fe. Entre sus obras recientes: *Incantare le sirene. Chiesa, teologia e cultura in scena* (con Marco Ronconi, 2019); *Dio non si stanca. La misericordia come forma ecclesiale* (2015); *Parole intorno al pozzo. Conversazioni sulla fede* (2013).

Índice

Otros títulos de la colección

¿«Desmasculinizar» la Iglesia?

Este libro surge del debate que tuvo lugar durante el proceso sinodal, cuando el papa Francisco invitó a Linda Pocher, teóloga, a hablar sobre el papel de las mujeres en la Iglesia basándose en los principios planteados por Hans Urs von Balthasar.

Junto a ella, participaron en estas reflexiones Lucia Vantini y Luca Castiglioni. Los tres aportan distintos puntos de vista y vías de cambio con respecto a las diferencias entre hombres y mujeres dentro de la Iglesia.

Otros títulos de la colección

J. B. Wells - G. Di Berardino J. - C. Hollerich S.
P. O'Malley - L. Pocher

MUJERES Y MINISTERIOS
EN LA IGLESIA SINODAL

Un diálogo abierto

Mujeres y ministerios
en la Iglesia sinodal

Si se quiere dar espacio a las mujeres en la Iglesia no se puede evitar abordar la cuestión de los ministerios, en particular de los ministerios ordenados, a los que solo tienen acceso los bautizados varones. Muchos estudios y debates, sufrimiento y temores, han girado en torno a esta realidad que las voces de dos teólogas católicas y una obispa anglicana presentaron ante el Consejo cardenalicio del papa Francisco. Sus reflexiones están acompañadas, en este libro, por los comentarios de dos de los cardenales que asistieron a dicho encuentro.